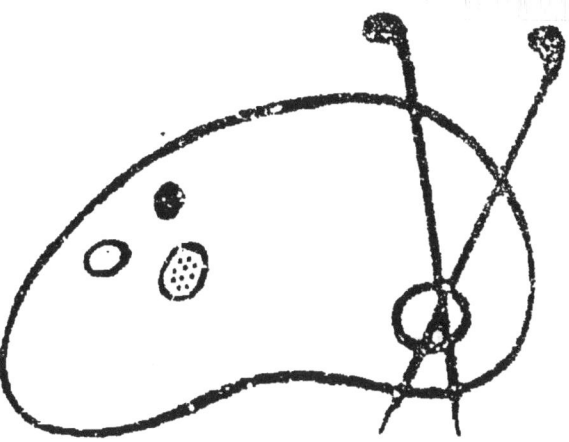

Couvertures supérieure et inférieure en couleur

COLLECTION MICHEL LÉVY
— 1 franc 25 cent. le Volume —
PAR LA POSTE, 1 FR. 50 CENT.

V^{TE} PONSON DU TERRAIL

LE SERMENT

DES

HOMMES ROUGES

AVENTURES D'UN ENFANT DE PARIS

I

PARIS

CALMANN LÉVY, ÉDITEUR
ANCIENNE MAISON MICHEL LÉVY FRÈRES
RUE AUBER, 3, ET BOULEVARD DES ITALIENS, 15
A LA LIBRAIRIE NOUVELLE

ION MICHEL LÉVY, 1 fr. 25 c. le volume (Extrait du Catalogue)

Renan.
B.-H. Revoil.
Le Docteur américain.
Harems du Nouv.-Monde.
Régina Roche.
Chapelle du vieux château.
A. Rolland.
Martyrs du foyer.
J. Rousseau.
Paris dansant.
J. de S¹-Félix.
Le Gant de Diane.
Mademoiselle Rosalinde.
Scènes de la vie de gentilh.
C. Sand.
Adriani.
Amours de l'âge d'or.
Beaux MM. de Bois-Doré.
Château des Désertes.
Comp. du tour de France.
Comtesse de Rudolstadt.
Consuelo.
Les Dames vertes.
La Daniella.
Le Diable aux champs.
La Filleule.
Flavie.
Histoire de ma vie.
L'Homme de neige.
Horace.
Isidora.
Jeanne.
Lelia.
Lucrezia. — Floriani.
Meunier d'Angibault.
Narcisse.
Pauline.
Le Péché de M. Antoine.
Le Piccinino.
Prom. autour d'un village
Le Secrétaire intime.
Simon.
Teverino.
J. Sandeau.
Catherine.
Le Jour sans lendemain.
M¹¹ᵉ de Kerouare.
Sacs et parchemins.
V. Sardou.
La Perle Noire.
E. Scribe.
Théâtre.
Comédies-Vaudevilles.
Opéras.
M. Souvestre.
Paul Ferroll.
D. Stauben.
Scèn. de la vie juive en Als.

F. Soulié.
Au jour le jour.
Avent. de Saturnin Fichet.
Le Bananier. — Eulalie Pontois.
Château des Pyrénées.
Comte de Foix.
Comte de Toulouse.
Comtesse de Monrion.
Confession générale.
Le Conseiller d'État.
Contes et récits de ma grand'mère.
Contes pour les enfants.
Deux cadavres.
Drames inconnus.
Maison n° 3 de la rue de Pr.
Études de la Vie sociale.
Avent. d'un cadet de fam.
Am. de Victor Bonseune.
Olivier Duhamel.
Un Été à Meudon.
Les Forgerons.
Huit jours au Château.
Le Lion amoureux.
La Lionne.
Le Magnétiseur.
Le Maître d'école. — Diane et Louise.
Un malheur complet.
Marguerite.
Mémoires du diable.
Port de Créteil.
Les Prétendus.
Quatre époques.
Quatre Napolitaines.
Quatre sœurs.
Rêve d'Amour. — La Chambrière.
Sathaniel.
Si jeunesse savait, si vieillesse pouvait.
Vicomte de Béziers.
Sthendal.
De l'amour.
Chartreuse de Parme.
Chroniques et Nouvelles.
Promenades dans Rome.
Le Rouge et le Noir.
D. Stern.
Nelida.
Sterne.
Voyage sentimental.
Mᵐᵉ Surville.
Balzac, sa vie et ses œuvr.
W. Thackeray.
Les Mémoires d'un valet de pied.

E. Souvestre.
Anges du foyer.
Au bord du lac.
Au bout du monde.
Au coin du feu.
Causeries hist. et littér.
Chroniques de la mer.
Les Clairières.
Confession d'un ouvrier.
Contes et nouvelles.
Dans la prairie.
Derniers Bretons.
Derniers paysans.
Deux misères.
Drames parisiens.
L'Échelle de femmes.
En Bretagne.
En famille.
En quarantaine.
Foyer breton.
La Goutte d'eau.
Histoires d'autrefois.
L'Homme et l'Argent.
Loin du pays.
Lune de miel.
Maison rouge.
Mari de la fermière.
Mât de cocagne.
Mémorial de famille.
Mendiant de Saint-Roch.
Le Monde tel qu'il sera.
Le Pasteur d'hommes.
Péchés de jeunesse.
Pendant la moisson.
Philosophe sous les toits.
Pierre et Jean.
Promenades matinales.
Récits et souvenirs.
Les Réprouvés et les Élus.
Riche et pauvre.
Roi du monde.
Scènes de la chouannerie.
Scènes de la vie intime.
Scènes et récits des Alpes.
Soirées de Meudon.
Sous la tonnelle.
Sous les filets.
Sous les ombrages.
Souv. d'un Bas-Breton.
Souvenirs d'un vieillard.
Sur la pelouse.
Théâtre de la jeunesse.
Trois femmes.
Trois mois de vacances.
Valise noire.
Valois de Forville.
Comte de Saint-Pol.
Consorti de l'an VIII.
Marquis de Paraval.

E. Éne.
Le Diable médecin.
Adèle Verneuil.
Clémence Hervé.
La Grande dame.
Fils de famille.
Gilbert et Gilberte.
Secrets de l'oreiller.
Sept péchés capitaux,
L'Orgueil — L'Envie
La Colère — La Luxure
— La Paresse — L'Avarice
— La Gourmandise.
E. Texier.
Amour et finance.
O. de Vallée.
Les Manieurs d'argent.
Max. Valrey.
Marthe de Montbrun.
V. Verneuil.
Aventures au Sénégal.
Pierre Véron.
L'Âge de Fer-Blanc.
Avez-vous Besoin d'Ar.
La Boutique à Treize.
La Comédie en plein v.
Comédie en Voyage.
Famille Hazard.
Foire aux grotesques
Grrrande Famille Haz.
Mythologie Parisienne
Maison Amour et Cᵉ
Marchands de santé.
Marionnettes de Paris.
M. et Mᵐᵉ Tout le Mon
Paris Comique sous
2ᵉ Empire.
Paris s'amuse.
Le Pavé de Paris.
Les Pantins du Boulev.
M. Personne.
Les Phénomènes Viv.
Roman de la Fem. All.
Les Souffre-plaisirs.
A. de Vigny.
Laurette ou le Cachet
La Veillée de Vincen.
Vie et mort du cap. R.
Ch. Vincent et
Le Tueur de brigan.
L. Vitet.
Les États d'Orléans.
H. de Wailly.
Scènes de la vie de
F. Wey.
Londres il y a cent
Yemeniz.
La Grèce moderne.

ŒUVRES COMPLÈTES

DE H. DE BALZAC

NOUVELLE ÉDITION COMPLÈTE

55 volumes — 1 fr. 25 c. le volume

(Chaque volume se vend séparément.)

St-Ouen (Seine). — Imprimerie JULES BOYER

COLLECTION MICHEL LÉVY

LE SERMENT
DES HOMMES ROUGES

I

CALMANN LÉVY, ÉDITEUR

DU MÊME AUTEUR

Format grand in-18. — Collection Michel Lévy.

LA JUIVE DU CHATEAU-TROMPETTE............. 3 VOL.

Châteauroux. — Typog. et Stéréotyp. A. Nuret et Fils.

LE SERMENT

DES

HOMMES ROUGES

AVENTURES D'UN ENFANT DE PARIS

PAR

PONSON DU TERRAIL

I

PARIS
CALMANN LÉVY, ÉDITEUR
ANCIENNE MAISON MICHEL LÉVY FRÈRES
RUE AUBER, 3, ET BOULEVARD DES ITALIENS, 15
A LA LIBRAIRIE NOUVELLE

—

1879
Droits de reproduction et de traduction réservés

LE SERMENT
DES HOMMES ROUGES

PROLOGUE

AMIS ET RIVAUX

I

LE DUEL IMPROVISÉ

Un soir de janvier de l'année 1746, il y avait bal à l'Opéra.

— Toute la cour y sera, s'était dit madame Toinon, costumière et loueuse d'habits, qui logeait dans la rue des Jeux-Neufs, aujourd'hui des *Jeûneurs*, à l'enseigne de la *Batte d'Arlequin*.

Et elle avait ajouté :

— Allons, Tony, fais tes préparatifs, tu m'y conduiras. Je t'habillerai en gentilhomme.

— Et vous, patronne, comment serez-vous ?

— Je me mettrai en marquise.

— Avec des mouches ?

— Mais dame !

— Et des paniers ?

— Comme ça !...

Et mame Toinon arrondit ses deux bras en les éloignant le plus possible de son corps, de façon à témoigner de l'ampleur de ses futurs paniers.

Or mame Toinon était une jolie brune, accorte et souriante, qui n'avait guère plus de trente-quatre ans, en paraissait vingt-huit tous les soirs, et était la coqueluche de son quartier. Mame Toinon était veuve; elle n'avait pas d'enfant et n'avait pas voulu se remarier.

Mais elle avait trouvé un matin, sur le seuil de sa porte, un pauvre petit garçon de huit ans qui grelottait et pleurait, et elle l'avait recueilli.

L'enfant abandonné ne savait ni le nom de son père, ni celui de sa mère ; il savait seulement qu'on l'appelait Tony.

Il paraissait avoir éprouvé un violent effroi qui lui avait fait perdre la mémoire.

Tout ce que mame Toinon en put tirer, c'est que des hommes masqués avaient voulu le tuer.

La costumière prit l'enfant chez elle et l'adopta.

A partir de ce moment, elle ne songea plus à se remarier, et les mauvaises langues de son quartier prétendirent que l'enfant recueilli était son fils, un péché mignon de première jeunesse dont le mari n'avait jamais rien su. Or, à l'époque où commence cette histoire, Tony avait à peine seize ans, mais il était grand et fort, admirablement bien pris et d'une charmante figure, pleine de malice et d'esprit.

On ne l'appelait dans la rue que le *beau commis à mame Toinon.*

— Ainsi, vous allez au bal ? demanda-t-il à sa mère d'adoption.

— Tiens, pourquoi pas ? répondit-elle en se jetant un coup d'œil passablement admirateur dans la petite glace placée au-dessus du comptoir. Je ne suis pas encore trop déchirée pour une femme de trente-quatre ans, et je pense que la poudre ne va pas toujours aussi bien à de véritables marquises.

Puis mame Toinon, qui, on le voit, n'était pas précisément la modestie en personne, regarda du haut en bas son commis.

— Et toi, dit-elle, mon petit, sais-tu que tu seras charmant avec ce bel habit bleu de ciel à paillettes, cette veste rouge et cette culotte de satin blanc, que j'ai fait faire dernièrement pour ce gentilhomme de province ?...

— Ah ! oui, dit Tony, et qui vous a laissé le tout pour compte, sous prétexte que vous ne vouliez pas lui faire crédit ?

— Justement.

— Et vous croyez que cela m'ira ?

— A ravir.

Tony, à son tour, se mira dans la glace et ne fut pas trop désolé de l'examen.

— Tu seras à croquer, ajouta mame Toinon, en fixant sur son fils adoptif des regards qui n'étaient peut-être pas très maternels.

— Faudra-t-il me faire poudrer ?

— Mais sans doute.

— Et à quelle heure irons-nous ?

— Tout au commencement. A minuit. Tu me feras danser, j'imagine ?

— C'est que je ne sais pas trop bien.

— Bah ! Je te montrerai !...

— Et qui gardera la boutique ?

— Babet, donc.

Babet était l'unique servante de mame Toinon, — une vieille fille honnête et désagréable, qui baissait les yeux et s'efforçait de rougir quand un homme la regardait par hasard.

Tandis qu'ils causaient, un chaland entra dans la boutique. C'était un gentilhomme d'environ trente ans, de belle prestance, aux airs hautains, et posant avec impertinence le poing sur la garde de son épée qu'il portait en verrouil. Il salua mame Toinon de la main, d'un air familier et protecteur et lui prit même un peu le menton.

— Toujours jolie et toujours veuve ! dit-il.

— Ah ! monsieur le marquis, répondit la costumière, qui ne se fâcha point des petites libertés que le gentilhomme prenait avec elle, vous m'avez dit cela souvent, à pareil jour, ce qui est à la fois une preuve que je vieillis et que vous êtes toujours jeune.

— Plaît-il ? fit le gentilhomme. On dirait que vous tournez une phrase comme M. de Marivaux lui-même, Toinon ?

— Mais non, monseigneur. Je vieillis, puisqu'il y a déjà longtemps que vous m'avez dit la même chose ; et vous êtes toujours jeune, puisque vous revenez, comme jadis, à l'approche du bal de l'Opéra.

Et Toinon prit une pose un peu railleuse.

— Nous nous amusons donc encore ? dit-elle ; nous courons les femmes de la bourgeoisie ?... les caméristes ?... les grisettes ?...

— Silence, madame Toinon, ces choses-là étaient bonnes autrefois.

— Hein ?

— Je suis marié.

Mame Toinon leva les mains au ciel avec une expression lamentable.

— Ah ! mon Dieu, dit-elle, la malheureuse !...

— Tu ne sais ce que tu dis, ma brave Toinon. Le diable s'est fait ermite, et j'adore ma femme.

— Est-elle riche, au moins ?

— Très riche.

— Jeune ?

— Vingt ans.

— Jolie ?

— Comme un ange.

—Et vous allez au bal de l'Opéra, seigneur Dieu ! car, puisque je vous vois, c'est que...

— Chut ! dit le marquis, c'est que ma femme et sa sœur ont eu un singulier caprice.

Mame Toinon regarda le marquis.

— Ces dames, continua-t-il, ont imaginé de s'en aller ce soir au bal de l'Opéra, déguisées en bergères.

— Et vous les accompagnerez, sans doute ?

— Naturellement.

— Déguisé en berger ?

— Ou en faune, je ne suis pas encore bien fixé. Je viens donc vous prier, ma chère Toinon, de m'envoyer, le plus tôt possible, plusieurs costumes complets de bergères. Ces dames choisiront.

La costumière regarda Tony. Tony se tenait immobile dans le coin le plus obscur de la boutique depuis l'entrée du marquis.

— Mon mignon, lui dit mame Toinon, tu iras chez M. le marquis.

— Mais, fit ce dernier, il est bien plus simple que ce garçon vienne avec moi tout de suite.

— Comme vous voudrez, monsieur le marquis.

Mame Toinon, en un clin d'œil, eut assorti des étoffes, empli trois grands cartons et appelé, du seuil de sa porte, un commissionnaire ; puis elle se pencha à l'oreille de son cher commis et lui dit :

— Reviens au plus vite. Il faut que tu te fasses poudrer et que tu te costumes.

Le commissionnaire plaça les cartons sur ses

crochets et s'apprêta à suivre le client de mame Toinon.

— De quel côté allons-nous, monsieur le marquis? demanda Tony.

— Dans l'île Saint-Louis.

Alors le jeune homme, voulant éviter au grand seigneur l'ennui de cheminer côte à côte avec un commissionnaire, invita ce dernier à prendre les rues de traverse et à aller attendre à l'entrée de la rue Saint-Louis-en-l'Isle.

Le marquis, lui, se prit à questionner Tony, tout en marchant. Tony était peu timide ; il avait l'esprit alerte et souple, un peu moqueur, de l'enfant de Paris ; il s'était toujours plu en la compagnie de gens de qualité, lesquels affluaient dans la boutique de mame Toinon, et, le gentilhomme lui ayant quelque peu lâché la bride, le commis se mit à jaser de choses et d'autres.

Le marquis le regarda tout à coup attentivement.

— Tu as la figure fine, dit-il, le pied petit, la main blanche et délicate.

Tony rougit.

— Tu es peut-être le péché mignon d'un homme de qualité.

— Je ne sais pas, répondit Tony ; mais ce que je sais bien, c'est que si je n'aimais pas tant maman Toinon, je me ferais soldat.

— Ah ! et que voudrais-tu être ?

— Garde-française. On a un bel habit blanc à parements bleus.

Le marquis se mit à rire.

— Bon ! dit-il, tu ignores, je parie, que je suis précisément capitaine aux gardes-françaises.

— Vous, monseigneur ?

— Moi, et si tu veux t'enrôler...

Tony allait répondre, sans doute, qu'il aimait trop mame Toinon pour se séparer d'elle ; mais il n'en eut pas le temps, car un troisième personnage vint se mêler à la conversation.

En ce moment le marquis et Tony atteignaient l'extrémité de la rue Saint-Louis-au-Marais et s'apprêtaient à tourner l'angle nord de la place Royale.

Bien qu'il fût à peu près nuit, un gentilhomme, qui cheminait en sens contraire, avait aperçu le marquis et était venu droit à lui, juste au moment où Tony méditait sur la réponse qu'il avait à faire.

A la vue de ce personnage, qui portait d'ailleurs un costume rouge assez étrange, le marquis recula d'un pas et porta la main à la garde de son épée.

— Bonsoir, marquis !

— Bonsoir, comte !

Les deux gentilshommes se saluèrent comme se saluent deux adversaires.

— Je ne vous savais pas à Paris, comte, ricana le marquis.

— J'y suis depuis une heure.

— Ah !

— Et vous devinez que j'y suis venu pour vous.

— Naturellement.

— Allons, fit l'inconnu d'un ton railleur, je vois que vous me comprenez à merveille.

— Certainement. Quelle est votre heure, comte ?

— Celle-ci.

— Et... le lieu ?

— La place est déserte. Nous y serons chez nous.

— Ah ! pardon, dit le marquis, j'aimerais assez remettre la partie à demain.

— C'est impossible, marquis.

— Cependant, j'ai promis à ma femme de la conduire au bal de l'Opéra cette nuit.

L'inconnu répondit sèchement.

— J'en suis désolé ; mais voilà quatre ans que je vous cherche, en Bohême, en Autriche, en Espagne, partout, et je suis pressé de vous tuer.

— Ainsi, vous me refusez ?

— Positivement.

— Mais nous n'avons pas de seconds.

— Nous nous en passerons. Venez, marquis, et flamberge au vent, s'il vous plaît !

Le marquis avait déjà oublié Tony, qui, à deux pas de distance, avait assisté à cette provocation.

— Eh bien, soit, dit le marquis avec colère, venez !

Et tous deux se prirent à marcher d'un pas rapide et gagnèrent l'angle le plus obscur de la place.

Tony avait toujours entendu dire, dans le quartier Montmartre, par les bourgeois de sens que les petites gens ne se doivent point mêler des querelles des grands. Aussi se tint-il prudemment à l'écart. Cependant, comme la prudence n'excluait pas chez lui la curiosité, il ne perdit point de vue le marquis et son adversaire.

L'un et l'autre mirent l'épée à la main, et le cliquetis du fer froissant le fer arriva jusqu'à l'oreille de Tony.

Le combat fut long; chacun des deux gentilshommes laissa échapper à diverses reprises une exclamation de colère qui attestait une blessure; puis, tout à coup, le commis de mame Toinon entendit un grand cri...

Et tout aussitôt l'un des deux adversaires chancela, tournoya un moment sur lui-même et tomba à la renverse.

Quant à l'autre, il remit son épée au fourreau, s'enveloppa soigneusement dans son manteau et s'éloigna d'un pas rapide, comme si de rien n'était.

Alors Tony accourut.

Le client de mame Toinon gisait dans une mare de sang...

II

LE COFFRET D'ÉBÈNE

Tony se pencha sur le gentilhomme qui respirait encore, le prit dans ses bras et l'adossa contre une arcade.

— Mon ami, balbutia le marquis, je suis frappé à mort...

— Au secours ! cria Tony.

Mais la place était déserte, et personne ne vint.

— Tais-toi, dit le marquis, c'est inutile... seulement écoute-moi... et jure-moi de faire ce que je te dirai.

— Je le jure, répondit le jeune homme.

— Il y a, reprit le marquis, dans ma chambre à coucher, une armoire dont j'ai la clef sur moi ; dans cette armoire, tu trouveras un coffret d'ébène... et... tu le porteras...

Un hoquet interrompit le moribond qui, laissant sa phrase inachevée, ouvrit cette brusque parenthèse :

— Surtout n'en dis rien à ma femme... avant demain. Elle veut aller ce soir au bal de l'Opéra. Que le dernier désir... que je lui aie entendu formuler... hélas !... soit au moins réalisé... Tu te présenteras à l'hôtel tout à l'heure... Mon valet de chambre Joseph... t'ouvrira ; tu lui montreras cette clef... et tu prendras le coffret... tu le porteras à mon ami... le baron...

Le marquis n'eut point le temps de prononcer le nom du baron ; il se souleva violemment, poussa un soupir, puis renversa la tête et tomba sur le sol.

— Ah ! il est mort ! s'écria Tony.

Pour la première fois de sa vie, le jeune homme se trouvait dans une de ces situations qui commandent à la fois la prudence et l'énergie.

Cependant il avait seize ans à peine, un âge où la réunion de ces deux qualités est rare.

Mais notre héros les déploya en cet instant critique.

Tout d'abord il fouilla le marquis et trouva sur lui une bourse assez ronde et une clef, la fameuse clef. Il mit le tout dans sa poche et se dit :

— Je restituerai la bourse à la famille et je me servirai de la clef pour avoir ce coffret dont il m'a parlé, et que je dois remettre à un baron... Il n'a pas eu le temps de me dire le nom du baron, mais je le trouverai peut-être dans le coffret.

Or Tony savait que le marquis demeurait dans l'île Saint-Louis, mais il ignorait son nom ainsi que celui de la rue où il avait son hôtel. Il fut donc obligé de revenir rue des Jeux-Neufs.

Là, il trouva mame Toinon qui avait déjà commencé sa toilette.

— Eh bien, dit-elle, te voilà de retour?

— Oui, patronne.

— Comme tu es pâle!

— Oh! ce n'est rien!....

— Mais il est arrivé quelque chose... c'est impossible autrement!...

Soudain la costumière jeta un cri :

— Ah! mon Dieu! dit-elle, tu as du sang sur les mains.

Alors Tony fut obligé de raconter à sa mère adoptive la scène étrange et terrible dont il venait d'être témoin.

Mame Toinon l'écouta en frémissant et finit par s'écrier :

— Mais il faut absolument informer sa famille! Cours, c'est le marquis de Vilers, capitaine aux gardes-françaises ; il demeure rue Saint-Louis-en-l'Isle.

Tony secoua la tête.

— Il n'a pas voulu que j'avertisse sa femme ; il me l'a demandé avant de mourir. Je lui obéirai.

— Soit ; mais... ce coffret...

— J'exécuterai la volonté du défunt, répondit Tony avec une gravité qui n'était pas de son âge.

Mame Toinon secoua la tête.

— Mon pauvre enfant, dit-elle, il ne fait jamais bon de se mêler des affaires des gens de cour.

— J'ai juré, répondit Tony avec fermeté. Je tiendrai mon serment ; je vais aller à l'hôtel de Vilers.

— Pour quoi faire ?

— Mais pour prévenir le valet de chambre du marquis.

Et Tony qui, pour la première fois peut-être, se montrait rebelle aux exhortations de mame Toinon, Tony s'en alla, muni des deux renseignements qu'on venait de lui donner, et il reprit sa course vers l'île Saint-Louis.

Mame Toinon s'était laissée tomber tristement sur une chaise en murmurant :

— Adieu, mon bal de l'Opéra !

. . . .

Tony courut à perdre haleine et gagna l'île Saint-Louis en moins de temps qu'il n'en avait mis à venir de la place Royale à la rue des Jeux-Neufs.

Le commissionnaire attendait toujours à l'entrée de la rue Saint-Louis, appuyé sur son crochet qu'il avait mis bas et placé le bout inférieur en terre.

— Viens avec moi, lui dit Tony.

— Hé ! dit le commissionnaire, je commençais à perdre patience, ma foi !

— Viens.

— Et ce gentilhomme, où est-il ?

— Viens toujours.

Le jeune homme jugea inutile de donner des

explications à l'Auvergnat et s'en alla avec lui jusqu'à la porte de l'hôtel de Vilers. Là il lui dit :

— Laisse ton crochet, va sonner à la porte, et, quand elle sera ouverte, tu entreras chez le suisse et tu lui diras que tu veux parler à Joseph, le valet de chambre de M. le marquis ; ensuite tu me l'amèneras.

Le commissionnaire exécuta ponctuellement les ordres de Tony.

Tony attendit quelques minutes, puis il vit venir à lui un vieux laquais grisonnant.

— Est-ce vous qui me demandez ? fit-il en regardant curieusement Tony.

— C'est moi.

— Que me voulez-vous ?

— Je viens de la part du marquis votre maître.

— Ah ! fit le laquais, vous l'avez vu ?

— Oui.

— Voici trois fois que madame la marquise sonne pour savoir s'il est rentré.

— Il ne rentrera pas.

— Pourquoi donc?

Tony répondit sans s'émouvoir :

— Parce qu'il vient de partir pour un voyage de vingt-quatre heures.

— Oh ! c'est impossible ! dit vivement le laquais ; madame la marquise l'attend pour aller au bal de l'Opéra.

— Je le sais bien, puisque j'apporte les costumes.

Et Tony montra les trois cartons superposés sur le crochet du commissionnaire.

— Tiens ! dit le valet, c'est tout de même bizarre.

Alors Tony prit la main de Joseph et lui dit en la pressant affectueusement :

— Vous aimiez donc bien votre maître, mon ami?

— Mais je l'aime encore, je l'aime toujours !

— Hélas ! votre amitié, votre dévouement lui sont désormais inutiles.

Le valet étouffa un cri.

— Il est mort !... ajouta Tony.

— Mort ? mort ?? mort ??? répéta le valet sur trois tons différents.

— Oui.

— Oh ! ce n'est pas possible...

— Il est mort... depuis une heure... Il a été tué en duel, sur la place Royale, par un gentilhomme...

— Tué en duel par un gentilhomme ?

— Oui.

— Savez-vous le nom de ce gentilhomme?

— Je l'ignore ; mais je sais qu'il a fait le tour du monde tout exprès pour se battre avec votre maître.

— Ah ! s'écria le valet qui paraissait posséder les secrets du marquis, c'est un des *Hommes rouges !* il fallait s'y attendre...

Et le valet se prit à pleurer.

Tony lui raconta alors la scène dont il avait été témoin, puis les dernières recommandations du marquis.

— Ainsi, dit Joseph, il veut que sa femme aille à l'Opéra ?

— Oui.

— Mon Dieu ! comment faire ?

Tout à coup, Joseph se frappa le front.

— Je vais dire à ces dames, fit-il, que le roi, qui est à Versailles, a fait demander le marquis, et que, sans doute, il reviendra cette nuit.

— C'est cela !

— Mais... la cassette ?

— Ah ! c'est juste..., venez avec moi.

Le valet, qui était fort troublé, fit entrer Tony dans la cour de l'hôtel, débarrassa le commissionnaire de ses cartons, le paya et le renvoya. Puis il remit les cartons à un autre valet auquel il dit :

— C'est pour madame la marquise ; cela vient de mame Toinon.

Tandis que le valet portait les costumes, Joseph prit Tony par la main, lui fit prendre un escalier de service et le conduisit au premier étage de l'hôtel.

Puis il poussa une porte devant lui et posa sur un meuble le flambeau qu'il avait pris chez le suisse.

— Voilà le cabinet de mon pauvre maître, dit-il ; l'armoire est en face..., cherchez le coffret...

Moi, je vais dire à madame que M. le marquis est à Versailles.

Et le valet, qui était en proie à un trouble et à une douleur extrêmes, laissa le jeune homme sur le seuil de la chambre qu'il appelait le cabinet de son maître.

C'était une vaste pièce tendue d'étoffe sombre et d'un aspect assez triste. Tony, un moment immobile sur le seuil, finit par entrer et ferma la porte derrière lui.

Jamais notre héros n'avait eu dans sa vie une heure aussi agitée que celle qui venait de s'écouler ; jamais il n'avait été investi d'une mission pour ainsi dire aussi solennelle.

Il faut croire que la gravité des circonstances lui donna à ses propres yeux une véritable importance, car il s'enhardit tout à fait et se dit :

— J'ai fait un serment, je le tiendrai, et Dieu me punisse si je n'exécute pas fidèlement les dernières volontés de ce gentilhomme qui a eu confiance en moi !

Tony aperçut, en face de lui, l'armoire indiquée par le valet de chambre.

C'était un grand bahut de la Renaissance, à ferrures de cuivre, pourvu d'une fine serrure tréflée, comme on en fabriquait depuis peu.

Il prit la clef qu'il avait trouvée sur le marquis et la mit dans la serrure.

La clef entra, tourna deux fois et le bahut s'ouvrit.

Tony vit alors un joli coffret d'ébène sculpté, après lequel se trouvait une clef.

Il se hâta de l'ouvrir, moins par un sentiment de curiosité que dans le but de trouver dedans un indice quelconque qui pût le mettre sur la trace du destinataire, de ce baron dont le nom avait expiré sur les lèvres du marquis mourant.

A la grande surprise du jeune homme, le coffret ne renfermait qu'un cahier de parchemin, couvert d'une grosse écriture, et une lettre.

La lettre n'était point cachetée et portait cette inscription :

Au baron de C... ou à celui qui trouvera ce coffret.

Tony, que cette initiale ne renseignait pas beaucoup, prit le parti d'ouvrir la lettre et lut :

« Mon cher ami,

» Je puis mourir demain. L'artilleur qui met le feu à une pièce de canon fêlée, le mineur qui travaille sous terre, le pêcheur assailli loin de la côte par une tempête, sont moins près de la mort que moi. Un poignard menace ma poitrine à toute heure ; j'ai, comme Damoclès, une épée suspendue sur ma tête, et j'écris ces lignes en prévision de quelque catastrophe.

» Toi ou celui qui lira le cahier ci-joint, où je raconte l'histoire étrange de mon existence, vous me vengerez, si je meurs !...

» Marquis DE VILERS. »

Cette lettre bizarre et sinistre impressionna si vivement la jeune imagination de Tony, qu'il oublia mame Toinon, et Joseph, le valet de chambre, et le lieu où il se trouvait. Il alla fermer la porte au verrou, plaça le coffret et le flambeau sur une table, prit un siège et se mit à lire avec une curiosité ardente le manuscrit du marquis, lequel avait ce simple titre :

MON SECRET.

III

LE SECRET DU MARQUIS DE VILERS

Le manuscrit du marquis, écrit d'une grosse écriture fort lisible, commençait ainsi :

« J'ai trente ans. Il y en a quatre que ceci se passait. J'avais donc alors vingt-six ans.

Nous étions quatre amis, officiers au régiment de Flandre, lors du siège de la petite ville impériale de Fraülen, sur le Danube.

Le premier se nommait Gaston de Lavenay, le second Albert de Maurevailles, le troisième Marc de Lacy.

J'étais le quatrième.

Le siège traînait en longueur et le maréchal de Belle-Isle, qui en avait commandé les premières opérations, s'était retiré au bout de huit jours, laissant simplement devant la place trois régiments d'infanterie, un escadron de Royal-Cravate et deux batteries de campagne.

Le maréchal avait sans doute un vaste plan

d'opérations dans lequel il entrait de ne prendre Fraülen qu'à la dernière extrémité, c'est-à-dire à la fin de la campagne. Fraülen était pour lui comme un point sans importance, sur lequel il forçait les Impériaux à concentrer toute leur attention.

Le mois de novembre arrivait et la saison devenait rigoureuse. Un jour, le commandant de la citadelle de Fraülen écrivit au marquis de Langevin, notre mestre-de-camp, qui commandait l'armée de siège, une lettre ainsi conçue :

« Monsieur le marquis,

» Voici le jour de la Toussaint, qui sera suivi du jour des Morts, et bientôt arriveront les fêtes de Noël et du nouvel an. Je vous viens faire une proposition : c'est d'établir une trêve entre nous pour tous les dimanches et jours de fête. Vos officiers pourront venir danser dans le faubourg de Fraülen, qui, vous le savez, renferme les plus belles maisons de la ville, et les miens les iront visiter dans la partie de votre camp que vous désignerez. Ce sera pour nos deux armées un moyen de tuer le temps.

» En attendant l'honneur de votre réponse, je suis, monsieur le marquis, votre très humble serviteur.

» Major BERGHEIM. »

Le marquis répondit :

« Monsieur le major,

» J'accepte votre proposition et j'invite vos officiers à dîner pour le jour de la Toussaint dans la première enceinte de nos retranchements, entre nos ouvrages avancés et la portée de vos canons.

» Je vais faire élever en cet endroit une tente convenable pour vous y recevoir et je suis, en attendant cet honneur, monsieur le major,

» Votre très obéissant,
» Marquis DE LANGEVIN. »

Or le jour de la Toussaint, les officiers français et les officiers autrichiens, profitant des conventions arrêtées, se rencontrèrent hors de la ville et firent assaut de courtoisie.

Notre mestre-de-camp, le marquis de Langevin, dont la fortune personnelle était considérable, donna aux assiégés un dîner splendide, et les dames de la ville furent invitées à venir danser sous une tente illuminée par des feux de Bengale et des lanternes vénitiennes.

Le lendemain, jour des Morts, on ne dansa pas dans Fraülen ; mais nous fûmes invités à une messe en musique et nous dînâmes chez le major.

Le dimanche suivant, un magnat hongrois, fabuleusement riche, nous donna une fête splendide dans sa maison de campagne, située au delà du Danube et par conséquent sous la protection du canon des forts.

C'est à cette fête qu'a commencé pour moi la

série d'événements étranges et terribles qui pourraient bien, au premier jour, avoir ma mort pour conclusion.

Je l'ai dit, nous étions quatre amis, quatre frères d'armes, servant dans le même régiment, nous tutoyant, n'ayant pas de secrets les uns pour les autres et faisant bourse commune.

On nous appelait les quatre *Hommes rouges;* et voici pourquoi :

Nous gardions un jour, avec une vingtaine d'hommes, une redoute.

Pendant deux heures, barricadés dans le bastion, nous supportâmes un feu meurtrier, et nos vingt hommes tombèrent un à un.

Quoique blessé lui-même, Marc de Lacy résolut avec nous de continuer la lutte. On décida qu'il chargerait les mousquets, tandis que nous ferions feu. Pendant une heure encore, à nous quatre, nous soutînmes ainsi le siège, et une compagnie tout entière d'Impériaux joncha de ses morts les alentours du bastion.

— Messieurs, nous cria Marc tout à coup, nous n'avons plus que vingt-cinq cartouches; je vous engage à les ménager.

— Vive le roi! répondîmes-nous, bien déterminés à ne tomber que morts au pouvoir des Impériaux.

Heureusement pour nous, un de ces épais brouillards qui sont fréquents sur les bords du Danube, s'éleva tout à coup en même temps que la nuit arrivait, et nous déroba à la fois la vue de la ville et celle du camp.

Alors le feu cessa.

— Il était temps, messieurs, nous dit Marc ; vous avez brûlé vos vingt-cinq cartouches.

Nous passâmes une partie de la nuit couchés à plat ventre derrière un rempart de cadavres et dans l'impossibilité de sortir du bastion, car l'ennemi avait établi un cordon de soldats autour de nous.

De temps à autre, une balle sifflait au-dessus de nos têtes ; à un certain moment, un obus vint éclater au milieu du bastion.

— Allons, mes amis, dit Maurevailles, au point du jour nous serons morts. Dès que le brouillard sera dissipé, on nous livrera un dernier assaut, et comme nous n'avons plus de cartouches !...

— Nous serons morts ou sauvés, répondis-je.

— Ah ! par exemple, répondit Marc en riant, tu es bien bon de conserver de l'espoir.

— Qui sait ?

— A moins que tu ne veuilles te rendre ?

— Vous êtes fous !

— Alors, fais tes préparatifs de voyage pour l'autre monde.

— Messieurs, répondis-je froidement, cet obus, qui vient d'éclater et qui a failli me tuer, a illuminé le bastion l'espace d'une seconde.

— Eh bien ?

— A sa clarté, je vous ai vus pêle-mêle avec nos cadavres et couverts de leur sang.

— Où veux-tu en venir ?

— Attendez ! Les uhlans hongrois ont des tuniques et des manteaux rouges ?

— Oui.

— Parfaitement, nous sommes sauvés.

La nuit était sombre et le brouillard épais ; mais j'avais sur moi une mèche soufrée, comme on en porte dans les tranchées ou dans les mines ; je battis le briquet et j'allumai la mèche.

— Malheureux ! me cria Maurevailles, ta mèche est un point de mire, la place va nous envoyer un boulet.

— Ah ! dame, je ne dis pas le contraire. Il y a des cas où il faut y voir.

La clarté de la mèche soufrée pénétrait bien un peu le brouillard, mais Maurevailles s'était trompé ; elle ne pouvait arriver jusqu'à la place. Seulement les Impériaux, qui entouraient le bastion, l'aperçurent et en cinq minutes nous entendîmes cinquante balles pleuvoir autour de nous.

Mais nous avions mis à profit ces cinq minutes.

Dans le sang de nos soldats qui couvrait le sol de la redoute, chacun de nous avait roulé son manteau, puis s'était drapé dans ce manteau rougi.

Après quoi nous nous étions recouchés à plat ventre.

— Tenons conseil, dis-je alors.

— Voyons, me répondit-on.

— Il y a, autour du bastion, à cinquante pas de distance, un cordon d'Impériaux ; mais il laisse passer les patrouilles des uhlans hongrois. Or vos manteaux sont maintenant aussi rouges que les leurs et comme on ne voit pas à cinquante pas de distance par le brouillard qu'il fait, on ne saura d'où nous venons. Partons.

Si aventureux que fût mon plan, il réussit.

Nous nous glissâmes hors du pavillon et nous nous mîmes à marcher résolument deux par deux.

— Qui vive ! cria une sentinelle.

— Patrouille ! répondis-je en hongrois, et nous fîmes trente pas en avant. Un pontonnier, qui travaillait dans une tranchée, souleva sa lanterne, et sa clarté se projeta un instant sur nos vêtements rouges. Les rangs des Impériaux s'ouvrirent... et nous passâmes. On nous avait pris pour des uhlans hongrois.

Dix minutes après, nous arrivâmes au camp français où on n'espérait plus nous revoir, et depuis lors, le surnom d'*Hommes rouges* nous est resté.

Or, ce fut à la fête, dont je parlais plus haut et que le riche magnat hongrois nous donna dans sa maison de campagne, que commença pour moi cette série d'événements que je vais retracer.

Une jeune fille attira tout d'abord notre attention à tous les quatre, tant elle était belle dans son riche et pittoresque costume de hongroise des montagnes.

— Palsembleu! m'écriai-je, je serais capable de lui conquérir un royaume si elle voulait m'aimer.

— Et moi aussi, dit Maurevailles.

— Et moi donc? exclama Gaston de Lavenay.

— Bon! fit Marc de Lacy, vous m'oubliez, messieurs. J'en suis, morbleu! moi aussi...

Nous avions échangé ces quatre exclamations dans un petit pavillon isolé, où nous étions demeurés seuls un moment, après avoir vu passer la belle Hongroise au bras de son père, qui était un autre magnat excessivement riche.

Nous nous regardâmes tous quatre et, pour la première fois, nous éprouvâmes un singulier malaise, et nos regards se croisèrent comme des lames d'épée.

— Ah ça! messieurs, dit Gaston de Lavenay, je crois, Dieu me pardonne! que nous allons devenir rivaux?

— C'est bien possible, murmurai-je.

— Tu l'aimerais?

— J'en suis déjà fou.

— Et toi, Maurevailles?

— Moi, je l'adore.

— Et toi, Lacy?

— Je te la disputerais l'épée à la main.

— Vous êtes insensés! répondit Lavenay. Et je vous propose, moi, de la tirer au sort.

— Au fait! dit Maurevailles, c'est une idée.

— Et je l'approuve, dit Marc de Lacy à son tour.

Comme eux, et sans réfléchir, j'inclinai la tête.

— Ah ! messieurs, reprit Lavenay, j'ai une autre proposition à vous soumettre avant d'interroger le sort.

— Parle vite.

— Nous allons faire un serment, continua d'une voix grave notre ami, un serment solennel et terrible, — tel que des gens comme nous peuvent en prêter un, — un serment d'amitié, d'amour, mais de mort aussi.

— Lequel ? demanda Maurevailles.

— Eh bien, reprit Lavenay, jurons d'aider de tout notre pouvoir, de servir par tous les moyens possibles l'heureux d'entre nous à qui le sort aura donné celle que nous aimons tous les quatre.

— Soit, répondîmes-nous.

— Et il est bien convenu que celui qui manquerait à ce serment et qui ne se résignerait pas à la volonté exprimée par le destin...

— Celui-là, dit Maurevailles, sera tenu de se battre avec les trois autres ! »

IV

OU LE MARQUIS DE VILERS SE TROUVE ÊTRE UNE ANCIENNE CONNAISSANCE DE LA BELLE HAYDÉE.

Tony, de plus en plus intrigué, continua à lire :

« Nous fîmes le serment convenu et nous jetâmes nos quatre noms dans un chapeau.

Le sort allait décider...

Mais une difficulté se présenta.

Qui donc allait plonger la main dans cette urne improvisée ? Quel était celui d'entre nous qui en retirerait le nom de l'élu du destin ?

— Messieurs, dis-je à mon tour, il y a un moyen de nous mettre tous d'accord. Nous allons prier la belle Hongroise de plonger sa jolie main dans le tricorne.

— Ah ! quelle drôle d'idée ! Mais comment obtenir ?...

— Soyez tranquille, je m'en charge.

— Bon ! et après ?

— Après ? Je suis d'avis que nous brûlions les trois noms demeurés au fond du chapeau sans les lire.

— Et le quatrième ?

— Si vous le voulez bien, le quatrième papier ne sera point déroulé tout de suite, et son contenu demeurera un mystère pour tous.

— Jusqu'à quand ?

— Jusqu'à ce que nous ayons réalisé le plan que je médite.

— Voyons ! firent-ils tous trois.

Je posai sur une table le tricorne de Maurevailles qui contenait les quatre papiers, puis je jetai un regard autour de nous pour m'assurer que nous étions toujours seuls.

— Messieurs, repris-je alors, laissez-moi vous dire que nous ne savons absolument rien de notre belle inconnue, si ce n'est qu'elle est la fille de ce vieux magnat qui lui donne le bras.

— Qu'importe ? fit Lavenay.

— J'aimerais assez, puisque nous allons la tirer au sort, que chacun de nous concourût à sa conquête avant que le sort se fût prononcé.

— Mais, dit le baron, tu oublies que nous avons fait le serment d'aider le vainqueur.

— Je le sais...

— Voyons, explique-toi...

— Eh bien, je suis persuadé que nous déploierions bien plus de zèle isolément, si chacun de nous avait l'espoir que son nom fût contenu dans le quatrième bulletin.

— Au fait, dit Marc de Lacy, c'est une bonne idée.

— Ah ! vous trouvez ?

— C'est également mon avis, ajouta Maurevailles.

— Eh bien, arrêtons un plan.

— Soit !

— Je vais prendre quelques renseignements à travers le bal, faites-en autant.

— Et puis ?

— Quand nous saurons où demeure la belle Hongroise, nous aviserons aux moyens, soit de nous introduire chez elle, soit de l'enlever.

— Je penche pour ce dernier parti, dit Gaston de Lavenay.

— Et moi aussi, répliquèrent Maurevailles et Marc de Lacy.

Nous laissâmes le tricorne de Maurevailles sur la table où je l'avais placé, et nous rentrâmes dans le bal, où chacun de nous prit une direction différente.

Moi, j'allai passer mon bras sous celui d'un jeune et charmant officier autrichien, aide de camp du major Bergheim, le commandant de Fraülen.

Le lieutenant Hinch, tel était son nom, s'était pris pour moi, dès le premier jour de trêve, d'une grande sympathie, que je lui rendais, du reste.

— Mon cher lieutenant, lui dis-je en lui montrant la belle Hongroise qui valsait en ce moment au milieu d'un groupe d'admirateurs enthousiastes, quelle est cette jeune fille ?

Il me regarda en souriant.

— Ah ! je vous y prends, vous aussi ! me dit-il.

— Que voulez-vous dire ?

— Que vous êtes amoureux.

— Passionnément.

— Vous avez cela de commun avec les cinquante ou soixante officiers de l'armée impériale qui sont ici ce soir.

— Oh ! mais vous aussi, sans doute ?

— Oh ! non, dit le lieutenant, et cela tient à ce que j'ai laissé à Vienne une blonde fiancée que j'aime...

— Eh bien, tant mieux !

— Pourquoi ?

— Je craignais que nous ne fussions rivaux.

— Oh ! mon cher, répondit le lieutenant, je crois que ni vous ni personne ne réussirez jamais auprès d'elle.

— Bah ! fis-je avec la fatuité d'un officier de vingt-six ans. Comment se nomme-t-elle, votre Hongroise ?

— Haydée, comtesse Mingréli.

— Le nom est joli.

— C'est la fille de ce vieux comte Mingréli qui est appuyé là-bas, à cette colonne, et regarde danser.

— Je l'ai déjà vu. Ainsi vous dites que Haydée...

— Passe pour avoir un amour mystérieux.

— Diable !

— On ne sait pas quel est celui qu'elle aime, mais on sait bien qu'elle a refusé la main des plus riches et des plus nobles seigneurs de l'empire.

— Est-ce qu'elle habite Fraülen ?

— Non ; elle vient même assez rarement ici et ne quitte guère le manoir de son père, situé sur les bords du Danube. Ah ! continua le lieutenant en riant, si vous voulez en faire le siège et tenter d'enlever la comtesse, vous ne serez pas le premier qui en aura eu l'idée.

— Vraiment !

— Un magnat des environs, après avoir demandé sa main et avoir été refusé, a fait un siège en règle du château.

— Et il a été repoussé ?

— Le vieux comte Mingréli lui a envoyé, à cent pas de distance, du haut d'une tour, une balle dans le front ! Si le cœur vous en dit...

— Mais, mon cher, m'écriai-je, tout ce que vous me dites là, loin de me décourager, irrite ma passion naissante.

— C'est assez l'ordinaire.

— Est-ce que vous ne pourriez pas me présenter ?...

— Au comte ?

— Non, à sa fille.

— Oh ! très volontiers. Vous serez bien accueilli, car elle me sait un gré infini de ne point mourir d'amour pour elle, comme tout le monde. Tenez, justement la valse finit, venez...

Le lieutenant m'entraîna vers le milieu du grand salon.

La belle Hongroise remerciait alors son danseur, qui n'était autre que le magnat, maître de la maison, et elle s'apprêtait à rejoindre son père, lorsque nous l'abordâmes.

En Hongrie, une fille unique hérite des titres de son père et les porte même du vivant de ce dernier.

C'est ainsi que la fille du comte Mingréli était comtesse.

Elle accueillit le lieutenant Hinch avec un charmant sourire.

— Comtesse, lui dit-il, permettez-moi de vous présenter M. le marquis de Vilers, un ennemi que j'aime de tout mon cœur.

Elle reporta sur moi ce regard et ce sourire dont elle avait salué le jeune lieutenant.

— J'ai ouï parler de vous, monsieur, me dit-elle.

— En vérité, comtesse ?

— D'abord, me dit-elle, vous êtes un des *Gentilshommes rouges*, comme on vous nomme depuis votre belle défense de la redoute ?

— Oui, comtesse.

— Ensuite, je vous ai connu à Paris.

— A Paris ? fis-je avec étonnement.

Le lieutenant Hinch, en galant homme qu'il était,

s'était déjà mis à l'écart pour nous laisser causer.

— Chut ! me dit tout bas Haydée ; je vous conterai cela plus tard... à moins que vous ne vouliez me faire danser.

— Je vous le demande à genoux, répondis-je ébloui de sa beauté et prêtant l'oreille à sa voix qui était mélodieuse comme un chant slave.

— Parlez-vous le hongrois ? me demanda-t-elle, car elle m'avait adressé la parole en français, et, comme tous les Slaves, elle parlait cette langue aussi purement qu'une Parisienne élevée à Versailles.

— Un peu, répondis-je.

— Vous devez être une exception dans votre armée ?

— A peu près.

— C'est comme ici les Autrichiens ; il y en a fort peu qui parlent le hongrois.

— Ah !

— Et si nous nous servons de cette langue, nous courons le risque de n'être entendus de personne.

Les préludes d'une danse nationale, que, à Paris et à Versailles, nous avons nommée la hongroise, se firent entendre alors.

Haydée plaça dans ma main sa main gantée et je l'entraînai dans le tourbillon.

— Comtesse, lui dis-je alors, vous êtes donc allée à Paris ?

— L'hiver dernier.

— Pourtant nous étions déjà en guerre ?

— Oui, mais mon père avait un sauf-conduit du maréchal de Belle-Isle, votre général.

— Ah ! c'est différent ; cependant...

— Je sais ce que vous allez me dire, interrompit-elle en souriant.

— Peut-être...

— Vous allez me dire : Moi aussi, j'étais à Paris et à Versailles l'hiver dernier, et il est impossible que des gens comme nous ne se soient point rencontrés.

— En effet..., vous êtes si belle, que, après vous avoir vue une seule fois, on ne saurait plus vous oublier.

— Flatteur !

Elle prononça ce mot sans irritation, d'une voix plutôt émue que railleuse, et je me demandai si c'était bien là cette femme qui, disait-on, était insensible à tous les hommages.

— Oui, reprit-elle, j'étais à Paris, et je vous ai vu.

— Oh ! c'est impossible !...

— Regardez bien mes cheveux blonds.

Je tressaillis.

— C'est tout ce que vous avez vu de moi...

— Ah ! m'écriai-je, je me souviens... c'était vous ?

Pour vous expliquer ces paroles que nous avions si rapidement échangées, il est nécessaire que je raconte une aventure qui m'était advenue l'hiver précédent.

Un soir de décembre, je me rendais au premier bal de l'Opéra, et mes porteurs longeaient la rue Saint-Denis. Arrivé à la hauteur de la rue aux Ours, j'entendis tout à coup des cris, des supplications et tout le tapage, en un mot, d'une rixe nocturne.

Plusieurs voleurs avaient entouré une chaise à porteurs dans laquelle une jeune femme se débattait et appelait au secours.

Les voleurs lui disaient :

— Donnez votre argent, vos pierreries, vos bijoux, madame, et il ne vous sera fait aucun mal.

La jeune femme était masquée, ce qui était une preuve qu'elle se rendait au bal de l'Opéra.

A la première attaque, les porteurs de la dame s'étaient enfuis.

Je sortis de ma chaise et je fondis, l'épée haute, sur les bandits en criant :

— Je suis le marquis de Vilers, et j'ai rossé le guet trop souvent pour n'avoir point bon marché de drôles tels que vous.

Je tuai l'un des voleurs ; les autres prirent la fuite. Alors j'offris ma chaise à la jeune femme, qui l'accepta, et je marchai à ses côtés jusqu'à l'Opéra.

Là, elle me remercia chaudement, mais elle n'ôta point son masque, et je la perdis de vue dans le bal.

Toute la nuit, je la cherchai. Ses cheveux blonds avaient fait sur moi quelque impression.

Mes recherches furent vaines...

Elle avait disparu, — et je l'oubliai.

— Ainsi, murmurai-je en regardant la comtesse avec extase, c'était vous ?

— C'était moi, me répondit-elle. Vous voyez que nous sommes de vieilles connaissances.

Il me sembla alors que sa voix trahissait une légère émotion, et il me passa par l'esprit et par le cœur un ardent espoir.

—Qui sait ? me dis-je, si je ne suis pas cet homme qu'elle aime et dont nul ne sait le nom ?...

Mais, en ce moment, j'aperçus devant moi la figure railleuse de Gaston de Lavenay qui m'observait attentivement, et je sentis mon sang se glacer...

Je me souvenais du serment odieux que j'avais fait !

V

OU TONY APPREND A QUOI PEUT SERVIR LA VALSE

La jeune Hongroise n'avait remarqué, disait ensuite le manuscrit, ni les regards de mes amis braqués sur nous, ni le trouble que m'avait fait éprouver cette espèce de surveillance.

La danse finissait.

— Voulez-vous que je vous présente à mon père? me demanda la comtesse.

— Je vous en serai reconnaissant, répondis-je.

Elle continua à s'appuyer sur mon bras et me conduisit jusqu'à cette colonne contre laquelle le magnat était demeuré appuyé depuis que sa fille dansait.

— Mon père, lui dit-elle, je vous présente M. le marquis de Vilers.

Le magnat me salua avec la courtoisie d'un homme bien né, mais il n'y eut rien dans son geste, son regard ou sa voix qui pût me laisser croire que mon nom eût été déjà prononcé devant lui.

— Il paraît, pensai-je, que la belle comtesse n'a pas jugé convenable de lui parler du petit service que je lui ai rendu à Paris.

Puis, comme le magnat ne m'adressait que quelques paroles insignifiantes et semblait désirer que sa fille demeurât avec lui, je pris congé :

— Comtesse, dis-je en me retirant, m'accorderez-vous, cette nuit, l'honneur de vous faire valser ?

— Avec plaisir, me répondit-elle, en m'enveloppant de ce sourire qui m'avait déjà enivré. Venez me chercher quand on valsera.

Elle prit alors à sa ceinture le petit bouquet que chaque danseuse, en Allemagne, a coutume de confier à son danseur, et elle me le donna en ajoutant :

— Vous me le rapporterez.

Je m'éloignai et voulus me perdre dans la foule, mais Gaston de Laveney me frappa sur l'épaule.

— Hé ! hé ! me dit-il, tu fais un peu trop tes affaires personnelles, marquis, il me semble...

— Moi ? pas du tout.

— Te voilà présenté..., tu nous présenteras, j'imagine.

— Parbleu ! dit Maurevailles qui s'approchait avec Marc de Lacy.

Marc ajouta :

— Cela va de soi. Tu dois nous présenter l'un après l'autre.

— Soit, répondis-je.

— Nous avons eu nos renseignements, nous aussi, dit Gaston de Lavenay.

— Ah !

— La belle a un amour au cœur...

Je tressaillis.

— Elle aime, nous a-t-on dit, un petit cousin à elle...

Ces mots me firent éprouver un éblouissement, et le sang fouetta mes tempes avec violence.

— Êtes-vous sûrs de cela ?

— On dit tant de choses !

— Mais qu'importe ! dit Gaston de Lavenay, il faudra bien qu'elle se résigne à aimer celui de nous qui...

— Moi, interrompit Maurevailles, je vais vous donner un autre renseignement.

— Voyons ?

— La belle Hongroise habite un château en aval du Danube, sur la rive gauche, et à la frontière de l'Empire.

— Je sais cela.

— Attendez..., son père est un chasseur passionné, et il lui arrive de s'absenter deux ou trois jours de suite.

— Pour chasser ?

— Oui.

— Hé ! dit Marc de Lacy, cette indication est précieuse. Le père absent, on enlèvera plus aisément la fille.

— Comment ! messieurs, fis-je avec aigreur, vous comptez donner suite à votre plaisanterie ?

— Plaît-il ? fit Gaston.

— Est-ce que tu te moques de nous ? exclama Maurevailles.

— Non, mais...

— Ah ! messieurs, dit Marc de Lacy, notre ami le marquis est plus roué qu'il n'en a l'air.

— Mais... je te jure...

— Il a avancé ses petites affaires et il voudrait maintenant nous distancer.

— Ma foi ! dit Gaston, il me vient une idée.

— Voyons ?

— Tu vas la prier de tirer elle-même du chapeau de Maurevailles le nom du vainqueur.

— Mais il faudra donc lui expliquer...

— Absolument rien. Tu lui diras que nous avons fait une gageure, que cette gageure est provisoirement un mystère.

J'étais au supplice.

Cependant je n'osai refuser.

En ce moment le prélude d'une valse se fit entendre.

La comtesse m'avait promis de valser avec moi.

— Messieurs, dis-je en grimaçant un sourire, je vais continuer à avancer mes affaires.

Et je les quittai brusquement.

La comtesse Haydée m'attendait, debout, auprès de son père, qui n'avait point quitté sa place.

J'allai m'incliner devant elle. Elle prit ma main en souriant.

— Allons, me dit-elle.

Je lui fis faire deux tours de valse sans pouvoir murmurer une seule parole, tant j'étais ému ; mais elle me dit :

— J'ai tenu à valser avec vous, parce que je veux vous parler, marquis.

Je sentis, à ces mots, tout mon sang affluer au cœur.

Elle continua :

— Au point du jour, la trêve du dimanche finira, et il vous faudra regagner le camp français.

— Hélas ! balbutiai-je, et dimanche prochain est bien loin.

— Pourtant, reprit-elle, il faut que je cause avec vous.

Sa voix trahissait une émotion contenue.

— ... Que je cause avec vous, poursuivit-elle, longuement, pendant plus d'une heure.

— Je suis à vos ordres, comtesse.

Ma voix tremblait plus que la sienne.

— Et, dit-elle encore, il faut que nous soyons seuls.

Je tressaillis et je songeai à mes trois amis.

— Je vais quitter le bal dans une heure, continua-t-elle.

— Et puis ?

— En sortant du faubourg, vous vous dirigerez vers le Danube.

— Bien.

— Vous verrez une petite maison blanche, isolée de toute autre habitation.

— Je la connais.

— Cette maison est inhabitée. Vous irez vous asseoir sur le seuil de la porte et vous attendrez !

A mesure que la comtesse parlait, mon cœur battait avec violence.

— Ah ! soupira la jeune fille au moment où la valse finissait, je n'ai, hélas ! foi qu'en vous...

Et comme je lui demandais l'explication de ces étranges paroles :

— Ne m'interrogez pas, dit-elle ; dans une heure vous saurez tout.

J'allais la reconduire auprès de son père et sortir du bal, mais, en ce moment, je vis Maurevailles, Lacy et Lavenay qui s'avançaient vers nous.

Maurevailles avait à la main son tricorne qui renfermait nos quatre noms.

— Présentez-nous donc ! fit-il.

Je devins fort pâle ; mais je parvins néanmoins à me dominer, et, souriant à la jeune fille, je lui dis :

— Permettez-moi, comtesse, de vous présenter mes trois amis *les hommes rouges*.

Elle les salua avec une grâce charmante.

— Madame, lui dit alors Maurevailles, nous avons fait un pari, mes amis et moi.

— En vérité, fit-elle souriante.

— Nous avons une expédition à entreprendre. Il faut que l'un de nous se dévoue, me hâtai-je d'ajouter.

— Ah! mon Dieu! dit-elle. Mais vous êtes en pleine trêve, messieurs?

— Il ne s'agit point de guerre, madame.

— C'est différent, en ce cas.

— Et nous avons mis nos quatre noms dans un chapeau.

— Eh bien?

— Nous cherchons une main innocente pour remplir le rôle du destin ; il était impossible d'en trouver une plus pure et plus belle, murmurai-je.

Elle eut un frais éclat de rire.

— Ah! comme vous voudrez! dit-elle.

Et elle mit sa main blanche dans le chapeau de Maurevailles.

Une violente émotion s'empara sans doute de mes trois rivaux, car je les vis pâlir.

Gaston de Lavenay, surtout, devint livide.

VI

OU TONY VOIT LE MARQUIS ALLER A UN RENDEZ-VOUS

Quant à moi, lut encore le commis à mame Toinon, j'éprouvai, pendant que la comtesse plongeait sa jolie main dans le chapeau de Maurevailles, un supplice qu'il me serait impossible de décrire.

La jeune fille, souriante et calme, retira sa main et nous montra un des quatre rouleaux de papier.

— Voici le nom du gagnant, dit-elle.

Et elle s'apprêtait à dérouler le papier ; mais Gaston de Lavenay l'arrêta d'un geste.

— Pas encore ! murmura-t-il.

La jeune fille le regarda avec étonnement.

— C'est pour la suite du pari, dit Marc de Lacy.

— Comtesse, ajouta Maurevailles, veuillez garder un moment ce billet.

Il s'approcha d'une cheminée et jeta les trois autres noms dans le feu.

Puis il revint vers nous.

— M'expliquerez-vous cette énigme ? demanda la belle Hongroise en se tournant vers moi.

Mais Maurevailles prit encore la parole et dit :

— Comtesse, nous nous sommes fixé un but tous les quatre.

— Ah !

— Ce but doit être la récompense de celui dont le nom se trouve roulé entre vos jolis doigts.

— Eh bien ?

— Mais chacun de nous doit le poursuivre.

— Je ne comprends pas, dit naïvement la jeune fille.

— C'est peut-être une énigme, ajouta Gaston de Lavenay, qui avait fini par sourire.

— Et cette énigme ?

— Nous devons concourir à la déchiffrer tous les quatre.

— Je comprends de moins en moins.

— Eh bien, dit Maurevailles, voulez-vous nous donner huit jours pour vous l'expliquer !

— Oh ! de grand cœur...

— Et, en attendant, gardez ce billet sans l'ouvrir.

— Par sainte Haydée, ma patronne, je le jure, répondit la jeune fille.

Une Hongroise mourrait plutôt que de trahir son serment.

Nos trois amis s'inclinèrent, laissant le billet aux mains de la comtesse Haydée, et je demeurai seul avec elle une minute encore.

— Qu'est-ce que cette nébuleuse plaisanterie ?

— Je ne sais...

— Comment ! fit-elle.

— Ou plutôt, ajoutai-je me remettant tout à fait de mon trouble, je ne puis vous l'expliquer aujourd'hui.

— C'est juste, me dit-elle ; comme vos amis, vous êtes lié par un serment sans doute ?

— Oui, comtesse.

Elle me sourit.

— Soit, dit-elle, gardez votre secret, mais n'oubliez pas que je vous attends dans une heure. Adieu.

Elle me tendit le bout de ses doigts à la façon orientale et me quitta pour rejoindre son père.

Quant à moi, je voulais me perdre dans la foule et m'esquiver ; mais Gaston de Lavenay me rejoignit.

Il passa son bras sous le mien.

— J'ai à te parler, marquis, me dit-il.

— Que veux-tu ?

— Nous avons recueilli un nouveau renseignement.

— Sur qui?

— Sur *elle,* parbleu !

— Voyons?

— Elle va chaque dimanche, au matin, avant le jour, entendre la messe dans une petite chapelle située au milieu des bois. C'est un vœu qu'elle a fait.

— Ah ! fis-je avec une indifférence affectée.
— Un seul serviteur l'accompagne.
— Eh bien ?
— Tu comprends que le moment est propice.
— Pourquoi ?
— Mais pour l'enlever.
— C'est juste, balbutiai-je.
— Ah ça ! me dit Gaston, mais tu es idiot, mon cher, depuis une heure.
— Tu trouves ?
— Tu es amoureux fou, stupide.
— Toi aussi.
— D'accord ; mais je n'oublie pas nos conventions, tandis que toi...
— Je ne parais pas m'en souvenir, veux-tu dire ?
— Précisément.

Je fis un violent effort sur moi-même et je répondis :

— Pardonne-moi, mais je viens d'éprouver une violente contrariété et j'ai l'esprit à tout autre chose qu'à nos amours.
— Qu'as-tu donc ?
— J'ai aperçu dans le bal un officier autrichien que j'ai connu à Paris avant la guerre et je désire le trouver.
— Une querelle ?
— Peut-être...
— Mais, c'est jour de trêve...
— Oh ! pas pour des affaires particulières... j'ai mes raisons.

— Veux-tu que je t'accompagne ?

— C'est inutile. Au revoir...

Et grâce à ce prétexte, je me débarrassai de Gaston, m'élançai au plus épais de la foule et parvins à gagner la porte. Dix minutes après, j'étais assis sur le seuil extérieur de la petite maison isolée au bord du Danube, que la comtesse Haydée m'avait assignée comme lieu de rendez-vous.

J'attendis environ une heure dans la plus vive anxiété.

Pourquoi la jeune Hongroise m'avait-elle donné rendez-vous ? Pourquoi avait-elle besoin de me voir et *n'avait-elle foi qu'en moi ?*

A l'émotion que de telles pensées devaient faire naître dans mon cœur, joignez le souvenir de ce serment infâme que j'avais prêté et de cette loterie étrange à laquelle j'avais consenti.

Depuis une heure, mes amis m'étaient devenus odieux.

Il me semblait que ces trois hommes formaient entre *elle* et moi une barrière infranchissable.

Toutes ces réflexions tumultueuses torturaient mon esprit, lorsque je vis se mouvoir dans l'éloignement une forme humaine.

La nuit était assez sombre, et je ne pus distinguer tout d'abord à qui j'avais affaire.

Cependant j'entendis un pas léger résonner sur le sol glacé et bientôt je pus me convaincre que la personne qui venait à moi était une femme.

Cette femme était enveloppée dans une mante épaisse qui lui cachait entièrement le visage.

Je crus que c'était la comtesse elle-même et j'allai vers elle.

Mais une voix qui m'était inconnue me dit, en mauvais français :

— Qui êtes-vous ?

— Je suis le marquis de Vilers.

— C'est bien, reprit la voix, on vous attend.

— Où ?

— Suivez-moi. *Elle* n'a pu venir ici.

La femme inconnue me prit alors par la main et me fit remonter les bords du Danube vers la ville, où nous pénétrâmes par une ruelle tortueuse et sombre.

— Où me conduisez-vous ? demandai-je.

— Venez toujours, répondit la femme encapuchonnée.

Nous cheminâmes ainsi de ruelle en ruelle pendant un quart d'heure environ.

Puis, la femme s'arrêta.

J'essayai alors de m'orienter, et je cherchai à savoir où je me trouvais. J'étais sur le seuil d'une porte bâtarde, sous les murs d'une maison noire et de sinistre apparence.

Un moment je crus à un guet-apens.

Mais je n'étais pas homme à reculer et me contentai de porter sous mon manteau la main à la garde de mon épée.

La femme souleva un marteau qui rendit à l'intérieur un bruit sourd ; une minute s'écoula, puis la porte s'ouvrit.

— Venez, répéta l'inconnue.

J'avais devant moi un corridor ténébreux.

La femme encapuchonnée me prit par la main et m'entraîna. Je fis en ce moment une réflexion bizarre.

Peut-être un rival malheureux avait-il entendu la comtesse Haydée lorsqu'elle m'assignait un rendez-vous, et, ivre de jalousie, me tendait-il un piège?

Mais je serais allé au bout du monde et je n'en continuai pas moins à marcher.

Tout à coup, à l'extrémité du corridor, nous atteignîmes une porte.

La femme encapuchonnée poussa cette porte, et, lorsque celle-ci fut ouverte, je demeurai ébloui.

VII

OU TONY EST INITIÉ A UNE SOMBRE HISTOIRE D'AMOUR

Je me trouvai, disait encore le marquis de Vilers dans ce manuscrit si palpitant, à l'entrée d'un joli boudoir comme nos marquises de Versailles savent en avoir.

C'était un boudoir à la française avec des meubles de Boule, des sièges en bois doré, recouverts de tapisseries des Gobelins ; les murs étaient tendus d'une étoffe de soie d'un gris tendre à grands ramages.

Çà et là, j'aperçus des tableaux, des bronzes, des statuettes d'un goût parfait.

Je n'étais plus chez une Hongroise, j'étais chez une femme de qualité de Versailles.

Ce boudoir était vide cependant.

— Entrez, me dit la femme encapuchonnée, et attendez.

Je fis quelques pas dans cette pièce que deux flambeaux à trois bougies éclairaient, et je m'assis sur un canapé auprès de la cheminée, où flambait un grand feu.

— Si je suis tombé dans un piège, pensai-je, il faut convenir que celui qui m'y attire mène galamment les choses.

Mais à peine avais-je fait cette réflexion, qu'une portière s'écarta dans le fond du boudoir.

Je me levai précipitamment, et un cri de surprise et de joie m'échappa.

La belle Hongroise pénétrait dans le boudoir et vint à moi.

— Pardonnez-moi, me dit-elle, de ne m'être point trouvée moi-même au rendez-vous que je vous ai donné. Ce n'est point ma faute, en vérité ; c'est celle des circonstances. J'ai craint que nous ne fussions surpris... et j'ai préféré ce lieu.

— Qu'importe ! lui répondis-je, puisque j'ai le bonheur de vous voir.

Elle eut un sourire triste et me demanda :

— Par où êtes-vous venu ?

— Par... là... fis-je en me retournant vers le mur, et en reconnaissant avec surprise que ce mur n'avait aucun indice de porte.

Elle tira tout à fait la portière qu'elle avait soulevée pour entrer.

— C'est mon boudoir, me dit-elle ; il dépend de la maison de ville que nous possédons à Fraülen, mais au lieu d'y pénétrer par cette porte, vous y êtes venu par une autre, que moi seule et la femme qui vous a amené connaissons.

— Mon Dieu, ajouta-t-elle avec tristesse, savez-vous que si on vous surprenait ici, vous seriez perdu?

J'eus un fier sourire de dédain.

— Et moi aussi peut-être, ajouta-t-elle en courbant le front.

Alors seulement je frissonnai et jetai un regard inquiet autour de nous. La comtesse Haydée vint s'asseoir auprès de moi, prit ma main et me dit :

— Monsieur le marquis, laissez-moi vous répéter que vous êtes le seul homme en qui j'aie foi.

— Oh ! répondis-je, permettez-moi donc alors d'être le plus fier des hommes.

— J'ai osé venir à vous, me dit-elle, car vous êtes brave et loyal et me l'avez déjà prouvé.

— Comtesse...

— Ah ! poursuivit-elle, tous ceux qui me voient jeune, belle, couverte de pierreries, adorée de tous, s'imaginent que je suis la plus heureuse des femmes. D'autres encore prétendent, en me voyant refuser tous ceux qui aspirent à ma main, que je suis une jeune fille sans cœur. Hélas ! les uns et les autres se trompent. Vous seul saurez le secret de ma mystérieuse existence.

La jeune fille parlait avec une émotion grave, pleine de dignité. Je pris sa main et la portai respectueusement à mes lèvres.

— Madame, lui dis-je, quelque terrible que puisse être le secret que vous allez me confier...

— Oh ! dit-elle en m'interrompant, je sais qu'il sera gardé.

— Parlez donc, madame, je vous écoute...

— Monsieur le marquis, reprit-elle, je ne suis point la fille du comte.

Je fis un geste de surprise.

— Je ne suis pas Hongroise.

A cette révélation, mon étonnement redoubla.

— Je suis née à Paris, il y a aujourd'hui dix-neuf ans, et je ne suis point comtesse de Mingréli.

Le comte de Mingréli n'est pas même mon parent, et cependant il m'aime avec une sauvage affection, avec une affection qui m'est odieuse et m'épouvante.

— Mon Dieu ! m'écriai-je en frissonnant, qu'allez-vous m'apprendre ?

Elle me comprit sans doute, car son visage eut une expression de défi, tandis qu'elle ajoutait :

— Oh ! rassurez-vous, je suis restée digne de moi-même. Le comte, après m'avoir aimée comme un père, m'aime à présent d'une autre affection ; il voudrait m'épouser. Mais, je vous l'ai dit, ce vieillard à demi sauvage m'épouvante et, jusqu'à présent, j'ai refusé son amour... et j'ai pu le forcer à respecter ma résistance. Hélas ! je ne sais ce que me garde l'avenir. Si on ne vient à mon aide...

— Oh ! m'écriai-je avec enthousiasme, je vous protégerai, moi, je vous défendrai.

— Merci ! me dit-elle. Écoutez encore...

Je regardai la comtesse, dont la voix était émue.

Elle reprit :

— Voici mon histoire. Je m'appelle Haydée de Tresnoël, et je suis la fille cadette du comte Armand de Tresnoël.

— L'ancien colonel de Royal-Cravate?

— Oui.

— Mais je me suis battu sous ses ordres !...

— Je le sais, me dit-elle en souriant.

— Oh! poursuivez, madame, et dites-moi...

— Attendez... Mon père a longtemps servi en Autriche. Il y avait connu le comte de Mingréli et s'y était lié avec lui.

Une année, j'avais alors dix ans, le comte vint à Paris, se présenta chez mon père, à qui il venait rendre visite, et jeta un cri terrible en m'apercevant.

Je ressemblais d'une façon étrange à une enfant que le malheureux avait perdue six mois auparavant.

Chez lui, toutes les affections sont violentes, vivaces et sentent un peu l'homme primitif.

Le comte aimait ardemment sa fille morte; en me voyant, il se prit pour moi, qui lui ressemblais, d'une ardente affection. Pendant un an, il ne quitta point Paris. Il logea chez mon père, il y vécut ; il ne me quitta pas.

J'étais sa fille.

Mon malheureux père, vous le savez, continua la jeune fille, fut tué en duel. J'avais déjà perdu ma mère.

Mon père mort, je devais être confiée à une parente éloignée.

Le comte se chargea de moi, mais il s'en chargea à une condition qui devait faire le malheur de ma vie.

Il ne m'adoptait point, il me faisait passer pour sa fille et me substituait à elle, grâce à cette ressemblance.

Tout le monde, en Autriche et en Hongrie, me croit sa fille, et c'est pour lui, à moins qu'il ne m'épouse, le seul moyen de m'assurer son immense fortune.

La jeune fille s'arrêta un moment et me regarda silencieusement. Elle était émue ; une larme brillait dans ses yeux.

— Ainsi, lui dis-je, après vous avoir aimée comme sa fille...

— Il voudrait faire de moi sa femme.

— Mais c'est un vieillard ! m'écriai-je.

— Oh ! répondit-elle, à l'heure où il aurait pu, pour la première fois m'avouer son amour, j'étais encore une enfant, je l'aimais plus qu'aucun homme au monde, et j'eusse fait ce qu'il m'aurait demandé sans y réfléchir.

— Mais depuis...

Elle s'arrêta une seconde fois et soupira.

Pour la seconde fois aussi, j'éprouvai un tressaillement bizarre.

Était-ce un pressentiment ?

Elle avait un nom et un aveu sur les lèvres ;

mais elle se domina sans doute et me dit brusquement :

— Croiriez-vous que cet homme s'est pris pour moi d'un amour si violent, si étrange, si effrayant, que sa jalousie est devenue mon supplice de toutes les heures et de tous les instants !

Un jour, un jeune officier de hussards m'a demandée en mariage.

Le comte a refusé net.

Le jeune homme a osé m'écrire ; il a fait plus, il est venu errer sous mes fenêtres. Un matin, on l'a trouvé mort dans un des fossés du château. Le comte l'avait tué pendant la nuit.

— Quelle infamie ! m'écriai-je.

— Un autre jour, continua la jeune fille, ce tyran a osé me dire : « Vous ne voulez point être ma femme, soit ! mais jamais vous n'aurez d'époux... je tuerai tous ceux qui vous aimeront. »

La jeune fille s'arrêta encore, et la larme que j'avais vue briller dans son œil, roula lentement sur sa joue. Je pris sa main dans les miennes :

— Eh bien, lui dis-je, que dois-je faire ? Qu'attendez-vous de moi ?

— Sauvez-moi ! me dit-elle.

Je jetai un cri.

— Ah ! tenez, acheva-t-elle, vous souvenez-vous de cette nuit... où j'allais à l'Opéra... où vous m'avez sauvée ?...

— Oui.

— Eh bien, depuis lors...

Elle s'arrêta... Sa voix était tremblante, étouffée.

— Achevez ? je vous en conjure ! m'écriai-je hors de moi.

— Eh bien !... cette nuit-là, j'ai compris que je ne pouvais épouser le comte...

Les dernières paroles de la jeune fille m'avaient ouvert le ciel.

Elle m'aimait !

Pendant deux heures, Haydée et moi, nous échangeâmes les plus doux serments et méditâmes un plan d'évasion.

Je voulais à tout prix la soustraire à la tyrannie du comte, la conduire en France et l'y épouser.

J'avais oublié le pacte honteux qui me liait aux autres *hommes rouges*.

VIII

OU LE MARQUIS DE VILERS S'APPRÊTE
A CONSOMMER SA TRAHISON

Le timbre de la pendule, en marquant trois heures du matin, continua à lire Tony, vint nous arracher, la jeune fille et moi, à notre extase et à notre bonheur.

— Mon Dieu ! me dit-elle, il faut que vous partiez ! Le comte est resté au bal, assis à une table de jeu ; mais il va rentrer et il me fera demander sans doute.

— Quand vous reverrai-je ?

— Ah ! quelle maudite guerre ! murmura-t-elle. La trêve expire au point du jour.

— Il est pourtant impossible, lui dis-je, que nous attendions à dimanche prochain.

— Oh ! certes...

— Indiquez-moi un lieu où je puisse vous revoir demain. Tenez, ici, par exemple...

— Y songez-vous ?

— Je trouverai un moyen d'entrer sain et sauf dans la ville et de m'en aller de même.

— Eh bien, soit, me dit-elle... A demain...

— A demain ! répondis-je en lui baisant les mains avec transport.

Mais, comme je faisais un pas vers la porte mystérieuse, elle m'arrêta.

— Ah ! mon Dieu ! me dit-elle, le billet.

— Quel billet ?

— Celui que m'ont confié vos amis.

Le souvenir me revint, et je sentis mon sang se glacer.

— C'est une plaisanterie, balbutiai-je : néanmoins gardez-le, je vous dirai tout demain.

Elle me conduisit jusqu'à la porte qui s'ouvrit sans bruit.

Nous échangeâmes le baiser d'adieu et je me trouvai dans les ténèbres.

— Venez ! me dit une voix que je reconnus pour celle de la femme encapuchonnée.

Celle-ci me conduisit dans la rue :

— Retrouverez-vous votre chemin ?

— Parfaitement. Bonsoir.

Et je regagnai la maison du magnat, où l'on dansait toujours.

Un homme était sur le seuil du premier salon quand j'entrai ; c'était Gaston de Lavenay.

— On te cherche partout, me dit-il. Et Maurevailles prétend que tu as eu un rendez-vous avec la belle Hongroise.

Je devins aussi pâle qu'un fantôme.

— Maurevailles est un niais, répondis-je d'une voix altérée.

En ce moment, je l'aperçus qui venait nous rejoindre au bras de Marc de Lacy.

Je fis un violent effort et je lui dis :

— Où diable as-tu vu que j'avais eu un rendez-vous avec la comtesse ?

— C'est une plaisanterie, répondit Maurevailles ; mais tu es déjà si bien avec elle que nous sommes un peu jaloux.

Je compris qu'il fallait à tout prix détourner les soupçons de mes amis, et je dis en riant :

— Je fais les affaires de la communauté, messeigneurs.

— Et ce sera fort triste, ma foi ! murmura Gaston, si tu n'es pas l'élu du sort.

— Je me résignerai...

— Hé ! mais, dit Maurevailles, il faut pourtant que nous adoptions un plan pour l'enlèvement...

A l'infâme proposition de Maurevailles, qui parlait d'enlever la comtesse, — la femme que j'aimais déjà si ardemment ! — je pâlis et me sentis chanceler.

Gaston de Lavenay répliqua :

— J'ai un plan.

— Voyons ?

— Je te l'ai dit ; nous enlèverons la comtesse dimanche prochain pendant qu'elle ira entendre la messe à la petite chapelle qui est située au milieu des bois.

— C'est bien loin, dimanche, dit Maurevailles.

— Et puis qu'en ferons-nous ? demanda Marc de Lacy.

— Nous la conduirons au camp.

— Après ?

— Après, nous lui dirons : Nous vous aimons tous les quatre. Déroulez le papier que nous vous avons confié, et voyez quel est celui de nous qui doit devenir votre mari.

— Mais enfin, messieurs, observai-je à mon tour, si elle préfère l'un de nous.

— Tant pis ! une femme enlevée épouse qui l'enlève !...

— Messieurs, nous dit un officier français, l'heure de rentrer au camp est venue. Si nous partions ?...

— Volontiers, répondis-je ; et je vous jure que je dormirai de bon cœur sous ma tente.

L'officier qui venait de nous parler était un tout jeune homme, cornette au régiment de Bourgogne ; il était nouveau dans l'armée, connaissait peu de monde et était enchanté de nous accompagner.

Sa présence nous empêcha de discuter plus longtemps le plan d'enlèvement.

Nous quittâmes ensemble le bal. Nous sortîmes de la ville avant le point du jour, et une heure après nous étions au camp.

4.

J'avais, en route, pris le cornette sous le bras et je lui avais dit tout bas :

— Rendez-moi un service.

— Parlez..

— D'abord, êtes-vous discret ?

— Quand je donne ma parole.

— Eh bien, donnez-la moi que ce que je vais vous demander restera à jamais un secret entre nous.

— Foi de gentilhomme.

— Le marquis de Langevin, notre mestre de camp, lui dis-je, avait son accès de goutte ce matin, et il n'est pas venu à Fraülen.

— Je le sais.

— Vous êtes son parent...

— C'est un cousin de ma mère, à la mode de Bretagne.

— Ce qui vous donne vos entrées à toute heure dans sa tente ?

— A peu près...

— Eh bien, allez voir le marquis.

— Quand ?

— En arrivant. Vous lui direz : Général, le marquis de Vilers a une grâce à vous demander ; veuillez le faire appeler par un de vos aides de camp, comme pour affaire de service et à propos de prétendues dépêches venues de France.

— Ce sera fait, m'avait répondu le cornette.

Et, en effet, à peine étions-nous rentrés sous la tente habitée en commun par mes trois amis et moi, que nous vîmes arriver un aide de camp du général, le chevalier de Sorigny.

— Monsieur de Vilers, me dit-il, le colonel-général a reçu de France des nouvelles qui vous concernent.

Je jouai l'étonnement et je suivis le chevalier.

Mes trois amis n'eurent aucun soupçon.

Le colonel-général, marquis de Langevin, qui n'était plus jeune, bien qu'il fût d'une bravoure passant pour chevaleresque, avait le malheur d'être atteint de la goutte.

Quand il avait son accès, force lui était de garder le lit.

Mais, son accès passé, il remontait à cheval et devenait l'officier le plus actif de l'armée.

Or, comme, ce jour-là, il avait son accès, je le trouvai au lit, souffrant beaucoup et n'ayant fermé l'œil de la nuit.

— Que diable me voulez-vous donc? fit-il en me voyant entrer.

— Je viens vous demander un service, général.

— Parlez, marquis.

— Un service auquel j'attache une si haute importance, que je donnerais ma vie, s'il le fallait...

— Peste !

— Avez-vous bien besoin de moi devant Fraülen, général ?

— Hé ! mais, répondit le marquis, je n'ai pas plus besoin de vous que des autres. Je fais le siège de Fraülen, j'ai ordre de ne pas le prendre... provisoirement du moins.

— Pouvez-vous me donner un congé ?

— Sans inconvénient.

— Un congé de deux mois ?

— Va pour deux mois. Je n'ai qu'à appeler mon secrétaire.

— Non pas, général !

— Plaît-il ? fit M. de Langevin.

Alors j'expliquai au colonel-général que j'avais besoin de quitter le camp et que, pour le camp tout entier, je devais avoir reçu de lui une mission secrète des plus importantes.

— Mais pourquoi tous ces mystères ? fit le marquis.

— Il faut que je sauve l'honneur d'une femme, répondis-je.

Le marquis était un parfait galant homme.

— S'il s'agit d'une femme, me dit-il, je n'insiste pas, gardez votre secret... et partez !...

— Mais ce n'est pas tout, général, lui dis-je.

— Que voulez-vous encore ?

— Un mot pour le major Bergheim qui commande Fraülen. Il faut que je m'introduise dans la place et que, pendant trois jours, on m'y laisse vivre à ma guise, sans me traiter en ennemi.

Le marquis de Langevin se fit apporter une plume et écrivit la lettre suivante :

« Monsieur le major,

» Un de mes officiers qui, de plus, est mon

» ami, a perdu son cœur dans les rues de Fraülen
» dimanche dernier ; il demande quelques jours
» pour le retrouver, et je vous engage ma pa-
» role de militaire qu'il ne s'occupera ni de stra-
» tégie ni de politique.

» Je suis, monsieur le major, le plus obéissant
» de vos serviteurs,

» Marquis DE LANGEVIN,
» Colonel-général, mestre-de-camp. »

— Avec cette lettre, me dit le marquis, vous ferez à Fraülen tout ce que vous voudrez.

— Merci, général.

— Il est inutile de vous demander, ajouta le marquis, si je dois vous garder le secret ?

— Un secret absolu, s'il vous plaît, général !

— Allez, vous avez ma parole.

Je pris congé du général et je retournai auprès de mes amis.

— Messieurs, leur dis-je, les gentilshommes rouges vont être réduits à trois, de quatre qu'ils étaient.

— Hein ? dit Maurevailles.

— Je pars.

— Comment ! Tu pars ?

— Oui, à l'instant ; on selle mon cheval.

— Et... où vas-tu ?

— C'est un secret entre le colonel-général et moi. On m'envoie en mission.

— Pour longtemps ?

— Je ne sais.

Jusqu'au siège de Fraülen, nous nous étions aimés tous les quatre comme si nous eussions été frères. Nous allions ensemble au feu, nous ne nous quittions jamais.

Cependant, en apprenant mon départ, une joie subite brilla dans leurs yeux.

Je n'étais plus un ami, j'étais un rival.

Je m'éloignais et leur laissais, croyaient-ils, le champ libre.

— Prends garde! me dit Gaston de Lavenay. Si tu n'es pas ici dimanche...

— Eh bien?

— Nous enlèverons la Hongroise.

— Je ne serai pas ici; mais je compte bien, répliquai-je, que si le sort m'a désigné...

— Oh! nous tiendrons notre serment, sois tranquille, répondit Maurevailles.

Ces mots me firent éprouver un remords passager.

N'allais-je pas trahir mes camarades?

Mais j'avais une excuse : la comtesse Haydée ne les aimait pas : elle m'aimait !...

J'avais avec moi, au camp, un valet de chambre, Joseph, qui est encore à mon service et qui m'est dévoué jusqu'au fanatisme.

Joseph avait sellé mon cheval, placé ma valise à l'arçon et il m'accompagnait.

Une demi-heure après, j'étais de retour à Fraülen. Comme j'approchais des lignes de défense, j'avais placé mon mouchoir au bout de mon épée, m'annonçant ainsi comme un parlementaire. Les portes de Fraülen s'ouvrirent devant moi lorsque je montrai la lettre du marquis de Langevin pour le commandant de place.

Le major Bergheim me reçut sur-le-champ, ouvrit la lettre du marquis, la lut, la relut, et finit par me regarder en souriant.

— Je gage, me dit-il, que j'ai la moitié de votre secret.

Je tressaillis.

— Oh! si c'est ce que je crois, poursuivit-il, soyez persuadé que je n'y mettrai aucun obstacle, moi...

Je gardai le silence.

— Il y a longtemps, acheva-t-il, que je souhaite une mésaventure au comte de Mingréli.

A ce nom, un léger incarnat colora mes lèvres.

Le major Bergheim était un vieux courtisan qui avait eu de grands succès à Vienne, et même à Paris, où, dans sa première jeunesse, il était attaché à l'ambassade. Il admirait M. de Richelieu pour ses galanteries et il était toujours prêt à épauler un mauvais sujet.

— Oh! vous pouvez parler avec moi, me dit-il. Je sais tout et je suis muet; je vois tout, et je suis aveugle. J'ai donc vu, la nuit dernière, que vous étiez tombé éperdument amoureux de la jeune comtesse Haydée.

— Monsieur...

— Et, certes, ce n'est pas moi qui vous trahirai.

Je déteste le comte et je vous souhaite tout le succès possible auprès de sa fille.

Je remerciai le major de ses vœux et lui demandai la permission d'aller me loger, muni d'un sauf-conduit qu'il me donna, dans un faubourg de la ville, où je m'empressai de changer de vêtement et de me métamorphoser ; je m'appliquai une grande barbe, j'adoptai le costume des paysans hongrois et, grâce à la connaissance que j'avais de la langue de leur pays, je me donnai, dans l'hôtellerie où nous descendîmes, pour un riche paysan de la Hongrie orientale apportant ses redevances à son seigneur, qui se trouvait pour le moment à Fraülen.

Et je passai la journée à chercher le moyen de soustraire, le soir même, la belle Hongroise à la tyrannie du comte...

La nuit venue, je me rendis, sous mon nouveau costume, dans cette rue sombre, par laquelle j'avais déjà pénétré chez la jeune fille.

La femme encapuchonnée m'attendait sur le seuil de la porte bâtarde. Elle me prit silencieusement la main, et, comme la veille, me conduisit, à travers le corridor ténébreux, jusqu'à cette porte secrète qui donnait accès dans le boudoir de la comtesse Haydée.

IX

OU TONY LIT LE DERNIER MOT DU SECRET
DU MARQUIS

La jeune fille, — acheva de lire Tony, — m'attendait avec impatience. A ma voix, elle étouffa un cri de joie.

— Ah ! venez vite, me dit-elle, j'ai une bonne nouvelle à vous donner.

— Parlez, répondis-je en lui baisant la main.

— Le comte part.

— Où va-t-il ?

— A Vienne, où l'empereur le demande.

— Et il ne vous emmène point ?

— Il le voulait ; mais, depuis le matin, je me prétends malade.

— Et il consent à vous laisser ici ?

— Oh ! non pas, il m'envoie dans son château des bords du Danube.

— Avec qui ?

— Sous la garde de ma gouvernante et d'une

sorte d'intendant en qui il a une confiance aveugle...

— Mais alors...

— La gouvernante est cette femme qui vous a conduit ici.

— Et l'intendant?

— Je l'ai acheté à prix d'or. Il favorisera notre fuite.

— Eh bien, lui dis-je, cela tombe à merveille, car, de mon côté, j'ai tout préparé.

— Vraiment ?

— J'ai loué une barque pour descendre le Danube. Elle est montée par deux Bulgares.

— Mais, me dit-elle, si nous descendons le Danube, où irons-nous ?

— En Turquie d'abord, afin qu'on perde nos traces.

— Et puis ?

— En France.

— Oh! Paris, me dit-elle avec un naïf enthousiasme, Paris!... le paradis en ce monde ! c'est là que je veux vivre.

. . . .

Je ne quittai Haydée que vers trois heures du matin, comme la nuit précédente.

Le lendemain, le comte partit pour Vienne, et sa prétendue fille monta dans une litière avec sa gouvernante.

A une lieue de Fraülen, la litière s'arrêta.

En cet endroit la route côtoyait le Danube et une barque était amarrée dans les roseaux.

Quatre hommes montaient cette barque, moi et mon domestique, déguisés toujours en paysans hongrois, et deux mariniers bulgares.

L'intendant consentit à s'en aller, et la jeune fille et sa gouvernante s'assirent dans l'embarcation.

Nous descendîmes le Danube jusqu'à la mer Noire.

Là nous trouvâmes un navire de commerce français qui faisait voile pour le Bosphore.

Deux mois après, nous débarquions à Marseille, et huit jours plus tard nous arrivions à Paris.

. . . .

Vous me permettrez, mon ami, de vous résumer en quelques lignes ma vie tout entière à partir de cette époque. J'étais parjure avec mes amis, et, malgré toutes les précautions que j'aie pu prendre, ils ont su que je les avais trahis et que j'avais enlevé Haydée.

Longtemps mariés secrètement, nous avons vécu ignorés.

Malheureusement, un jour, nous eûmes la folie de penser que ni Marc de Lacy, ni Maurevailles, ni Lavenay, à quatre années de distance, ne reconnaîtraient dans mademoiselle Haydée de Tresnoël, devenue marquise de Vilers, la jeune comtesse hongroise de Mingrélie.

J'annonçai publiquement mon mariage, et nous vinmes habiter mon hôtel de l'île Saint-Louis.

Mais, il y a huit jours, j'ai reçu la lettre suivante, que je transcris textuellement :

« Marquis,

» Te souviens-tu de Fraülen ?

» D'abord nous t'avons soupçonné de nous
» avoir trahis et d'avoir enlevé la comtesse
» Haydée.

» Aujourd'hui nos soupçons se sont changés en
» certitude, et tu peux t'attendre à notre visite.

» Nous avons fait un nouveau serment, nous,
» tes anciens amis : le serment de te tuer.

» Gaston de Lavenay part le premier pour
» Paris.

» Attends-le sous huit jours.

» Après Gaston, ce sera Marc; après Marc, ce
» sera moi.

» MAUREVAILLES. »

Je les connais, ils viendront. Je les attends !...

C'est une fatalité, mon ami ; mais je n'ai plus qu'un moyen de vivre tranquille avec ma femme et sa jeune sœur qui était restée à Paris et que nous avons attirée auprès de nous, c'est de tuer ces trois hommes l'un après l'autre...

Haydée ne sait rien.

. . . .

Là finissait le manuscrit, qui ne portait plus

qu'une signature, celle du marquis de Vilers.

. . . .

Pendant un moment, le commis de mame Toinon demeura comme stupéfait.

Les pages qu'il venait de lire avaient produit sur lui une si vive impression qu'il se demanda tout d'abord s'il ne rêvait pas.

Puis sa jeune imagination s'éveilla. Il se sentit devenir homme. Il pensa :

— Pour avoir été si ardemment aimée par ces quatre officiers, cette comtesse Haydée, aujourd'hui marquise de Vilers, est donc bien belle ? Qui la protègera maintenant ? Et ce pauvre marquis que j'ai vu mourir, qui le vengera ? Qui défendra sa mémoire ? Où le trouver, ce baron de C... à qui est adressé le manuscrit ?

Et, tout à coup, Tony, qui se prenait au sérieux, se frappa le front et s'écria :

— En attendant, monsieur de Vilers est abandonné là-bas dans la boue de la place Royale.

Et vite il ouvrit la porte de la pièce en emportant le coffret.

Dans le corridor, il rencontra Joseph, le brave valet de chambre, qui s'essuyait les yeux et faisait des efforts inouïs pour ne pas sangloter.

— Du courage ! lui dit-il.

— Ah ! mon jeune ami, lui répondit celui-ci, il faut en avoir de reste pour savoir ce que je sais et faire ce que je fais. Il était si bon, mon pauvre maître, si vraiment gentilhomme ! Quand, afin d'o béir à sa dernière volonté, j'ai porté vos costumes à ma maîtresse pour ce bal où elle doit se rendre, il me semblait à chaque instant que les larmes allaient me trahir. Ah ! vous n'avez pas besoin de me recommander d'avoir du courage. Je vous jure que j'en ai.

— Eh bien, reprit Tony, il vous en faudra un plus grand. Vous comprenez bien que deux honnêtes femmes ne peuvent aller toutes seules au bal de l'Opéra. Mon pauvre Joseph, mettez le costume que votre maître aurait pris et accompagnez-les.

— Mais vous voulez donc que je meure en route ?

— Je ne veux rien, dit Tony. Je n'ai le droit de rien vouloir. Je vous prie seulement de veiller sur celle que son mari ne peut plus protéger.

Et ces mots furent prononcés sur un ton si simple et à la fois si convaincu que le vieux valet de chambre répondit :

— C'est juste. Quand le maître n'est pas là, il faut que le chien de garde y soit. Je ferai ce que vous dites, mon ami.

— Eh bien, à demain, reprit Tony. Ainsi que le marquis m'en a prié, je viendrai apprendre à la marquise la terrible nouvelle... après qu'elle aura goûté le dernier plaisir souhaité devant lui.

Sur ces mots, le jeune homme s'éloigna et se dirigea vers la place Royale. Il voulait faire déposer jusqu'au lendemain chez mame Toinon le cadavre du marquis.

A son grand étonnement, la place, toujours déserte à cette heure, était pleine de monde. L'hôtel près duquel le marquis avait été frappé était éclairé et ouvert ; de nombreux groupes causaient sur le pas de la porte.

Tony s'approcha et prêta l'oreille.

— Il n'y a plus de sûreté dans Paris, disait un bon bourgeois.

— Mais ce doit être un duel, répliquait un autre.

— Je vous soutiens que c'est un assassinat.

Instinctivement Tony pensa que la prudence lui faisait un devoir de se taire.

— Si je parle, se dit-il, ils m'entraîneront chez le lieutenant de police qui me retiendra et me prendra mon temps. J'ai un autre soin à remplir.

Et, se glissant dans les groupes, il écouta un mot par-ci, un mot par-là. Au bout de quelques minutes, il savait que le corps du marquis, rencontré par des passants qui avaient réveillé tous les habitants de la place Royale, venait d'être transporté au Caveau des morts.

C'est ainsi qu'à cette époque on appelait la Morgue.

Le Caveau des morts était situé dans le sous-sol de la prison du Châtelet.

A seize ans, on a de bonnes jambes. Tony arriva au Châtelet en même temps que les gens de police qui portaient la civière. Une crainte le tourmentait. Il se disait :

— Que l'on trouve dans les poches du marquis un papier à son nom ou que quelqu'un le reconnaisse, on ira aussitôt avertir froidement, brutalement sa femme. Il faut que j'empêche cela.

Et, s'introduisant dans le Caveau des morts derrière les gens de police, il se cacha sous l'une des nombreuses civières déposées dans la première salle et attendit que ceux-ci fussent partis.

Dès que le gardien les eut reconduits, sa lumière à la main, jusqu'au seuil de la porte et se fut barricadé, Tony, pour ne pas l'effrayer, se mit à tousser légèrement.

Le gardien dressa la tête.

Tony recommença un peu plus fort.

Le gardien entra dans la loge où reposait sa femme et dit à celle-ci :

— Écoute donc.

Tony eut un gros rhume. La gardienne dit :

— Est-ce que ce monsieur qu'on vient d'amener ne serait pas mort ? Veux-tu que je me lève ?

Il faut croire que cette excellente femme n'avait pas une foi très grande dans la bravoure de son époux ; mais le commis de mame Toinon l'ayant entendue faire cette réflexion et voulant lui épargner la peine de prendre froid, sortit de sa cachette et se montra timidement à la porte de la loge.

— Au secours ! s'écria le gardien.

— N'ayez pas peur, dit Tony, je ne vous veux que du bien.

— Eh ! il a l'air gentil, ce petit-là, fit la gardienne... Écoute-le donc pour voir.

Après leur avoir raconté comment il se trouvait devant eux, le commis à mame Toinon ajouta :

— Je connais le gentilhomme qu'on vient de placer dans le Caveau.

— Eh bien, grommela le gardien, ce n'est pas à cette heure-ci qu'on fait les déclarations.

— Aussi ne suis-je pas venu pour en rédiger une.

— Qu'est-ce que vous demandez alors ?

— Pour des raisons particulières, il ne faut pas que la femme de ce gentilhomme, madame la marquise, soit informée de sa mort avant que je vous le dise.

— Comment, c'est un marquis ! s'écria la gardienne.

— Et très riche ! répondit Tony. Je vous promets, au nom de sa femme, une forte somme si vous vous arrangez de façon qu'on ne reconnaisse pas le cadavre avant demain à midi. Songez donc, on le lui porterait. Jugez de la douleur de la pauvre femme qui croit son mari en parfaite santé.

Et Tony donna de si excellentes raisons, sentimentales et pécuniaires, que le gardien et la gardienne, dans l'espérance de faire une bonne affaire en même temps qu'une bonne action, lui promirent tout ce qu'il voulut.

— Alors une dernière prière, ajouta le jeune homme. Permettez-moi de le voir ce soir.

5.

— Ça, c'est plus facile que le reste, dit le gardien, qui commençait à exagérer l'importance de ses services pour être mieux récompensé.

Et il fit pénétrer le jeune ami du marquis dans le Caveau des Morts.

Sur une dalle de pierre, à côté de cinq ou six autres cadavres, reposait l'infortuné dont Tony possédait le secret.

Pâle et blême, les yeux encore ouverts, le marquis avait, dans la mort, une expression de douceur et de beauté qui impressionna vivement le témoin de sa dernière heure.

Tony, d'abord, lui ferma les yeux, puis l'embrassa et s'agenouilla.

Quelle inspiration d'en haut lui vint pendant sa courte prière? Nous ne saurions le dire. La vérité est qu'en se relevant, le jeune homme s'écria :

— Monsieur le marquis, je demandais qui protégerait votre veuve et qui vous vengerait. Eh bien, ce sera moi!

Et Tony, étendant la main sur le cadavre, ajouta solennellement :

— Je le jure !!!

Puis il déposa un dernier baiser sur le front du gentilhomme, remercia de nouveau le gardien et sortit.

Un quart d'heure après, Tony entrait chez mame Toinon et lui disait :

— Je veux aller à l'Opéra !...

La costumière jeta un cri de joie, sans avoir le soupçon des graves événements que cette soirée allait préparer, et se hâta tellement qu'elle ne vit pas même son commis serrer le coffret qu'il portait, dans un vieux bahut dont il avait la clef...

X

LE PREMIER BAL DE TONY

Le bal de l'Opéra était, en ce temps-là, le rendez-vous de la cour et de la ville.

Les femmes de qualité, les grands seigneurs s'y pressaient.

Les abords de l'Opéra, alors situé où se trouve à présent le théâtre de la Porte-Saint-Martin, étaient, ce soir-là, dès minuit, encombrés de litières, de carrosses et d'une foule compacte de masques.

Deux litières arrivèrent à peu près en même temps et s'arrêtèrent devant le péristyle.

Deux jeunes femmes et un homme, ce dernier paraissant âgé et très embarrassé de sa personne, sortirent de l'une. Un jeune homme et une ronde commère sortirent de l'autre.

Les deux jeunes femmes et leur suivant portaient des costumes villageois que reconnurent la ronde commère et le jeune homme qui l'accompagnait.

Car ces costumes provenaient de la boutique de mame Toinon, et le jeune homme en question n'était autre que notre ami Tony.

Mais Tony était métamorphosé. Au lieu de son habit de droguet et de ses bas de filoselle, Tony portait un habit de drap soutaché d'or, un beau gilet à ramages, une culotte et des bas de soie.

Il était poudré à frimas, portait l'épée en verrouil, le tricorne sous le bras et avait tout à fait l'air et les façons d'un vrai gentilhomme.

Pour tous ceux qui le virent entrer, Tony était un jeune seigneur débauché qui dédaignait de se déguiser et s'en venait promener à l'Opéra sa jolie figure, à seule fin d'y faire des conquêtes.

Quant à la femme à laquelle il donnait la main, on a déjà reconnu mame Toinon.

Mame Toinon s'était déguisée en marquise.

Elle avait les bras nus ainsi que les épaules, un tout petit masque sur le visage, un masque qui, ne cachant presque rien, laissait admirer les dents, pétiller le regard, s'arrondir le sourire.

Tony la conduisit triomphalement dans la salle.

Mame Toinon le regardait et le trouvait charmant.

— Tu es un vrai gentilhomme, lui dit-elle.

Tony soupira.

— Et je vais être fière de danser avec toi.

— Déjà ? fit-il naïvement.

Ce mot impressionna douloureusement la sensible costumière.

— Comment ! dit-elle, tu veux me quitter ?

— Non, mais...

— Ah ! c'est que je suis un peu jalouse de mon cavalier, moi...

Et mame Toinon montra ses dents blanches, épanouit son sourire, et, pour la première fois sans doute, enveloppa son ami d'une œillade assassine.

— Patronne, dit tout bas Tony, je suis prêt à vous faire danser... Tenez, justement on organise un menuet là-bas.

Mame Toinon prit la main que lui offrait son commis et dit tout bas :

— Garde-toi bien de m'appeler patronne ; puisque nous jouons aux gens de qualité, il faut en avoir les façons. Tu m'appelleras *baronne*.

— Et vous, comment m'appellerez-vous ?

— Moi, je t'appellerai *chevalier*. Viens.

— Ah ! pardon, dit Tony, je vous ai dit que j'allais vous faire danser...

— C'est convenu.

— Mais à une condition...

— Comment, petit drôle ? dit la costumière, tu me fais des conditions à présent...

— J'ai un devoir à remplir.

— Lequel ?

— Il faut que j'exécute un article du testament du marquis de Vilers.

— Quel est-il ?

— C'est un secret, patr... *baronne*, je veux dire.

La prétendue baronne n'eut point le temps de répondre, car l'orchestre la contraignit à se mettre en place.

Précisément, l'une des deux bergères, qui étaient entrées au bal en même temps que Tony et madame Toinon, donnait la main à un officier des gardes-françaises et se trouva faire vis-à-vis à la costumière et à son commis.

Le menuet commençait.

Tout en dansant, Tony dévorait des yeux la danseuse et se demandait :

— Est-ce elle ou sa compagne qui est la marquise de Vilers ?

Il lui vint une inspiration.

Au moment où il dut, pour obéir aux lois du menuet, changer de danseuse et quitter mame Toinon pour sa cliente, il dit tout bas à cette dernière :

— Vous souvenez-vous de Fraülen ?

Soudain l'inconnue tressaillit, se troubla, et Tony sentit sa main trembler dans la sienne.

Il était fixé.

— Fraülen, murmura la pauvre femme d'une voix émue. Vous avez entendu parler de Fraülen ?

— Et du marquis de Vilers...

Elle tressaillit de nouveau et regarda cet adolescent au charmant visage, au doux sourire un peu triste, au regard plein de mélancolie.

— Qui donc êtes-vous ? fit-elle avec plus de curiosité que d'effroi.

— Un ami...

— Votre nom ?

— Le chevalier Tony, répondit le commis hardiment.

— Vous connaissez mon mari ?

— Oui.

— Est-il ici ?

— Non, et c'est lui qui m'envoie.

— Mon Dieu ! fit la marquise avec inquiétude, où donc est-il ?

— A Versailles, chez le ministre.

— Mais il reviendra cette nuit ?

— S'il le peut...

— Et il vous envoie ?

— Pour vous rassurer, madame.

Tony ne put en dire davantage ; une nouvelle *figure* le sépara, et il rejoignit mame Toinon.

Le menuet fini, un flot de masques passa entre Tony et la marquise, qui se perdirent de vue un moment.

Un mousquetaire, qui venait au bal en quittant son service, charmé par les belles épaules, le léger embonpoint et le pied finement cambré de mame Toinon, papillonnait autour d'elle et lui disait mille galanteries.

Tony profita de la circonstance pour abandonner mame Toinon et se mettre à la recherche de la pauvre veuve.

Mais la foule était nombreuse, difficile à fendre, et notre jeune héros erra pendant un bon quart d'heure avant d'avoir aperçu celle qu'il cherchait.

Tout à coup, un homme dont le visage était découvert et qui portait un manteau rouge, passa près de lui.

Tony le reconnut sur-le-champ.

C'était ce gentilhomme qui avait tué l'infortuné marquis. C'était le comte Gaston de Lavenay.

— Il doit chercher la marquise, pensa Tony.

Et il se mit à le suivre. Il le vit errer à travers le bal, puis s'arrêter soudain.

Il s'arrêta aussi. Le comte fit tout à coup quelques pas en avant et salua. Il était en présence de la marquise de Vilers, dont le masque s'était détaché un instant, et qu'il avait aussitôt reconnue, bien que ne l'ayant pas vue depuis quatre longues années.

— Bonjour, marquise, dit le comte d'un air railleur.

Tony s'était glissé derrière elle.

— Monsieur !... fit la marquise, je ne vous connais pas.

— Nous allons, si vous le permettez, renouer connaissance. Je suis le comte de Lavenay, et vous êtes la marquise de Vilers.

La pauvre femme jeta autour d'elle un regard éperdu ; elle semblait chercher un appui. En vérité, elle ne se souvenait plus de lui. Nous savons que le marquis ne lui avait jamais parlé du serment qui le liait aux Hommes Rouges, et, comme leur souvenir lui était exécrable, il avait toujours évité de prononcer leurs noms. La marquise pensait avoir uniquement affaire à l'un de ces hommes de plaisir, qui fréquentent l'Opéra, et ne se souciait nullement d'être l'héroïne d'une aventure de bal.

— Ah ! marquise, reprit le comte, vous conviendrez que j'ai mis une certaine discrétion à ne point troubler votre lune de miel.

— Monsieur !...

— Cependant, deux de mes amis et moi, nous désirerions avoir un certain billet que nous vous avons confié un soir à Fraülen...

A la demande du comte, la mémoire revint à la marquise qui, ne sachant pas qu'elle avait devant elle l'un des plus grands ennemis de son mari, répondit légèrement :

— Oh ! monsienr, excusez-moi. Le billet confié à Fraülen ?... Vous me rappelez une bien lointaine histoire.

— Avez-vous au moins gardé ce billet ?

— Non, certes. Je n'y pensais plus, quand un jour monsieur de Vilers l'a trouvé par hasard dans mon *bonheur du jour*...

— Il l'a ouvert ?

— Parfaitement, puis l'a jeté au feu avec colère. Je me souviens même que jamais il n'a voulu me dire ce qui l'avait offensé dans ce papier. Mais venez le lui demander demain. Il sera peut-être moins discret avec vous.

— Votre mari ne nous dira rien, madame ricana le comte.

— Et pourquoi ?

Le comte eut un sourire étrange et sans doute il allait ajouter :

— Votre mari ne nous dira rien, madame, parce qu'il est mort, parce que je l'ai tué !

Mais il n'en eut pas le temps.

Tony, qui était devenu, nous l'avons dit, un homme, Tony, qui n'avait pas cessé de se tenir auprès de la marquise et avait tout entendu, se dressa sur la pointe des pieds et jeta son gant au visage du comte.

— Vous êtes un lâche ! dit-il.

Le comte, stupéfait, anéanti par une semblable insulte, étouffa un cri et fit un pas en arrière.

Puis il regarda son agresseur.

Tony n'était qu'un enfant, mais il avait l'œil étincelant, les lèvres pâles, et il appuya la main sur la garde de l'épée qu'il portait pour la première fois, avec tant de fierté et de résolution que le comte de Lavenay comprit qu'il avait devant lui un adversaire sérieux.

— Vous êtes un lâche, répéta froidement Tony.

La marquise reconnut son vis-à-vis de tout à l'heure.

— Ah ! *chevalier*, dit-elle, éperdue.

Ce titre qu'elle donnait à Tony acheva de faire illusion.

Le jeune Tony était beau ; il était bien tourné ; il portait galamment son habit de gentilhomme.

Le comte ne douta pas un instant qu'il eût affaire à un homme parfaitement né.

— Ah ! mon petit monsieur, dit-il, je vais vous couper les oreilles sur l'heure.

— Venez donc, dit Tony, et priez Dieu qu'il vous rende la peau bien dure !

Il jeta un regard protecteur à la marquise et sortit, fier et hautain, sur les pas du comte, en se félicitant d'avoir décidé Joseph à venir au bal. Il le rencontra à quelques pas de l'endroit où s'était passée cette scène et lui confia la marquise.

Mame Toinon n'avait rien vu, rien entendu.

Elle était tout entière aux galanteries du mousquetaire qui lui donnait le titre de baronne.

. . . .

XI

LES TERREURS DE MAME TOINON

Le comte et Tony gagnèrent la porte, quittèrent l'Opéra et s'en allèrent jusqu'au premier réverbère ; là, le comte tira son épée.

Tony l'imita.

Mais, avant de tomber en garde, le comte regarda de nouveau son jeune adversaire.

— C'est singulier, dit-il ; je ne vous ai jamais vu !...

— Je vous connais, moi, répondit Tony.

— Qui êtes-vous ?

— Peu vous importe !

— Cependant...

— Faut-il vous répéter, une fois de plus, que vous êtes un lâche ?

Le comte rugit.

— Un lâche et un assassin !...

— En garde, donc ! s'écria le comte hors de lui.

— Je suis l'exécuteur testamentaire du marquis de Vilers, que vous avez tué ce soir, dit Tony en croisant le fer, et je me suis juré de vous tuer, vous, Maurevailles et Marc de Lacy !...

Et Tony, qui n'avait jamais touché une épée et se trouvait en présence de l'un des bretteurs les plus renommés de ce temps, Tony fondit sur son adversaire avec cette impétuosité, cette vaillance brutale de ceux qui n'ont point été initiés aux galantes finesses de l'escrime... Aussi, avec son inexpérience et sa jeunesse, semblait-il prédestiné à trouver la mort dans ce combat qu'il avait provoqué.

Le comte Gaston de Lavenay était un tireur habile et prudent qui s'était fait une réputation terrible dans les gardes-françaises.

C'était lui qui avait tué le marquis Van Hop, un Hollandais fameux, qui longtemps, à Versailles, avait semé l'effroi parmi les gentilshommes.

Tony allait donc mourir.

Cependant mame Toinon, qui avait un peu perdu de vue le sort de son client, le pauvre marquis de Vilers, et qui n'était venue à l'Opéra que pour s'y amuser très consciencieusement, mame Toinon, disons-nous, s'était longtemps complue à écouter les paroles du beau mousquetaire, qui persistait à la considérer comme une femme de qualité.

Mais, au bout d'une demi-heure, après avoir

dansé et valsé, la costumière se prit à songer à Tony.

Où était-il ?

Elle le chercha longtemps à travers le bal, et, pour la première fois peut-être, elle éprouva un bizarre sentiment de jalousie.

— Comment !... Le bambin, se dit-elle, oserait-il s'amuser sans moi ?

Et, parcourant les salles, elle inspecta les groupes et les coins. Nous savons qu'en ce moment Tony était sur le point de partager le sort du marquis de Vilers.

Tout à coup, arrivée sur le lieu même où avait eu lieu la provocation, elle vit et entendit quantité de gens qui, avec force gestes, se racontaient et interprétaient à leur façon la scène que nous avons racontée.

Elle bondit et, de ses deux bras écartant la foule, se plaça au milieu du groupe stupéfait ; puis, s'adressant à celui qui semblait en savoir le plus :

— Vous dites, demanda-t-elle, qu'un jeune homme a jeté tout à l'heure son gant au visage d'un seigneur ?...

— Oui. J'étais à deux pas.

— Et ce jeune homme était un beau petit blond tout poudré ?

— Parfaitement.

— Déguisé en mousquetaire ?

— C'est cela.

— Et ils sont sortis ensemble ?

— Par le foyer d'entrée.

Grâce au même mouvement par lequel elle avait fendu la foule, mame Toinon se fit de nouveau place et, relevant ses paniers, descendit quatre à quatre les marches de l'escalier.

Il était trois heures du matin. Tous ceux qui devaient venir à l'Opéra étaient déjà entrés. Aucun des danseurs ne songeait encore à se retirer. Mame Toinon ne rencontra donc personne à qui elle pût demander de quel côté s'étaient dirigés les deux hommes.

Est-ce son instinct, est-ce la Providence qui la guida ?

Une minute après, elle tombait comme la foudre entre les deux adversaires qui ne l'avaient même pas vue venir, et, entourant de l'un de ses bras son petit Tony, s'écriait en agitant l'autre sous le nez du comte abasourdi :

— Vous moquez-vous du monde ? Est-ce que vous croyez que c'est vous qui allez me le tuer ? Mais je vous tuerais plutôt, savez-vous ?

Tout en étreignant contre elle l'adoré de son cœur, la commère lui arracha de la main son épée et se mit bravement en garde à sa place.

Le comte commençait à trouver la scène fort amusante. Son adversaire improvisée continua :

— Il faudrait savoir, entendez-vous, que ce petit-là est mon enfant d'adoption, mon commis, et qu'on ne s'appelle pas pour rien mame Toinon, costumière, qui a même une boutique joliment achalandée.

A ces mots, le comte, qui naturellement avait abaissé son épée depuis l'invasion de cette singulière femme, ne se tint plus de rire.

— Un commis, lui, oh ! c'est trop drôle ! Et moi qui avais pris son déguisement pour son costume ordinaire ! Et la marquise qui l'appelait *chevalier !* Ah ! ah ! ah ! j'en rirai longtemps. Mais je ne me bats pas avec les commis, mon petit ami. Les injures de tes pareils ne nous salissent pas, nous autres...

Tony écumait de rage, mais le bras gauche de « mame Toinon » était véritablement un étau, duquel il lui fut impossible de se dégager, pendant que le comte, toujours riant aux éclats, remettait son épée au fourreau, puis s'éloignait...

Alors mame Toinon embrassa son commis, puis le regarda avec amour à la lueur du réverbère.

Tony pleurait.

— Il a raison, dit-il en sanglotant, je ne suis qu'un courtaud de boutique...

Il s'opéra en lui comme une révolution.

L'histoire qu'il avait lue, l'avait initié aux mœurs et à la vie des gentilshommes. Il se sentit rougir à la pensée que la marquise de Vilers, elle aussi, quand elle le reconnaîtrait, ne verrait peut-être en lui que le commis de mame Toinon.

Il se frappa sur le cœur et dit :

— Cela changera !

A partir de ce moment, l'avenir de l'enfant était-il donc irrévocablement décidé ?

Toutefois, pensant à la marquise, il se souvint qu'elle était restée au bal.

— Adieu, dit-il à mame Toinon.
— Où veux-tu aller encore ?
— A l'Opéra.
— Pour y rencontrer une nouvelle affaire ?
— Pour y accomplir un devoir.

En prononçant ces mots, il avait l'air si vaillant que mame Toinon vit qu'il serait inutile de lutter contre sa volonté.

— Adieu, fit-elle.

Et notre héros, qui se trouvait de prime abord au niveau des circonstances, remit fort galamment son épée au fourreau, rajusta ses habits un peu en désordre et rentra dans le bal.

Mais, à vingt pas derrière lui, se glissait mame Toinon.

. . . .

XII

LE SAUVEUR DE RÉJANE

La marquise de Vilers était tombée sur une banquette non loin de l'endroit où le comte Gaston de Lavenay avait osé l'aborder.

Seulement elle avait été rejointe par sa jeune sœur, qu'accompagnait Joseph.

Tony alla droit à elle.

— Madame, lui dit-il à voix basse, vous avez tout à craindre du comte Gaston de Lavenay...

Elle tressaillit et le regarda.

Tony ajouta simplement :

— Jusqu'à ce que je l'aie tué.

La jeune femme étouffa un cri.

— Mais, qui êtes-vous, dit-elle, vous qui prenez ainsi ma défense ?

— Un inconnu qui connaît toute votre histoire

La marquise pâlit sous son masque.

— Vous étiez à Fraülen? dit-elle.

— Non, madame.

— Alors, mon mari vous a raconté ?...

Tony regarda la marquise avec tristesse.

— Madame, dit-il, je suis un tout jeune homme presque un enfant, et cependant, pardonnez-le-moi, j'ose, en ce moment, vous donner un conseil...

— Mais, monsieur...

— Quittez le bal...

— Oh ! fit la marquise, si j'avais su que mon mari n'y viendrait pas...

— Rentrez à votre hôtel et priez...

La marquise devint affreusement pâle...

— Mon Dieu ! dit-elle.

— Rentrez, madame, acheva Tony, et priez Dieu... Il est miséricordieux et il protège les faibles contre les forts, les bons contre les méchants.

La marquise, éperdue, fixa longtemps ses regards sur les yeux clairs et profonds du jeune homme et n'osa point l'interroger.

— Réjane, dit-elle à sa sœur, viens.

Elle fut forcée de l'appeler une seconde fois. Celle-ci, qui semblait plongée dans un rêve, n'avait rien entendu. C'est que la jeune enfant, depuis une heure, avait, elle aussi, son secret.

Nous avons peu parlé d'elle. Pourquoi ? Parce qu'on parle mal des anges. Sur terre, un ange ne fait pas de bruit ; il aime dans la paix et ne songe qu'au bonheur tranquille de ceux qui l'entourent. Or Réjane était vraiment angélique.

Restée au couvent jusqu'au mariage de sa sœur, elle en avait été retirée par la marquise, quelques jours après l'installation définitive de celle-ci à Paris. A l'hôtel de Vilers, c'était Réjane qui, sans qu'on le lui eût jamais demandé, veillait à ce que tous les ordres donnés par sa sœur ou par son beau-frère fussent toujours strictement exécutés. Elle avait étudié leurs petites habitudes et ne laissait en aucun temps rien à souhaiter au marquis ou à la marquise.

Aussi cette dernière fut-elle bien étonnée d'avoir à lui dire deux fois :

— Viens.

Que s'était-il donc passé ? Nous allons le dire. Réjane jouera, d'ailleurs, dans l'épouvantable drame que nous nous sommes donné la mission de raconter, un rôle trop important pour que nous la laissions plus longtemps dans l'ombre.

Le comte de Lavenay n'était point venu seul au bal de l'Opéra. Ses amis, Albert de Maurevailles et Marc de Lacy y promenaient également leurs manteaux rouges et y cherchaient, chacun de son côté, la marquise, pendant que Lavenay la trouvait à l'endroit que nous connaissons.

Au moment où madame de Vilers faisait vis-à-vis à Tony, un flot de curieux sépara d'elle Joseph et Réjane, puis, jetant le vieux valet de chambre sur une banquette, repoussa dans le couloir la pauvre enfant affolée.

Dans ce couloir, un gigantesque tambour-maître paradait, à moitié gris, devant les femmes qui l'admiraient et les hommes qui l'applaudissaient.

Réjane vint s'échouer contre lui.

Quand il s'agit de se faire remarquer, tous les moyens sont bons.

Le tambour-maître confia sa canne à un voisin et, asseyant la jeune fille sur sa main, la brandit en l'air et la secoua, comme il eût fait de sa canne.

La foule trépignait d'aise. Quant à Réjane, stupéfaite, effrayée, elle allait s'évanouir.

Tout à coup, le tambour-maître reçut en pleine poitrine un formidable coup de poing.

— Misérable ! lui cria une voix.

Et celui, qui avait frappé et parlé, lui arracha l'enfant, la saisit dans ses bras et, jouant des coudes, la porta dans la salle des rafraîchissements où il lui administra un cordial.

C'était Maurevailles.

— Oh ! monsieur, vous êtes bon, lui dit l'enfant, et je vous remercie.

Et, ce disant, elle le regarda longuement, comme pour se souvenir à jamais des traits de son bienfaiteur.

Hélas, c'en était fait ! Elle venait de graver pour toujours le portrait de celui-ci dans son cœur.

La tendre enfant qui, jusqu'à ce moment fatal, avait ignoré l'amour, allait aimer, pour son malheur éternel, l'un des hommes qui avaient juré de tuer M. de Vilers et de posséder la marquise !

Quelques instants après, celui-ci la remettait entre les mains de Joseph, sans qu'elle eût osé lui demander son nom, et c'est cette timidité qu'elle se reprochait pendant que sa sœur l'appelait en vain...

A la fin pourtant, elle reconnut la voix de la marquise et se leva soudain.

Tony aida les deux femmes et Joseph à sortir du bal.

Au moment où elle montait en litière, la marquise lui saisit vivement le bras.

— Oh! dites-moi tout, fit-elle. Dites-moi la vérité... si terrible qu'elle soit.

— Aujourd'hui je ne puis, dit Tony.

— Pourquoi ?

Il n'hésita point à mentir, tant l'endroit lui semblait déplacé pour apprendre à la marquise une si horrible nouvelle, et répondit :

— Je ne la connais pas suffisamment. Mais je la connaîtrai demain et je vous en ferai part. Je vous le promets.

Et, certain que les Hommes Rouges ne pourraient attenter à la marquise, puisqu'il les avait vus dans le bal en sortant, il salua sa protégée et revint se poster à la porte de l'Opéra pour les empêcher au besoin, autant que Dieu le lui permettrait, de se mettre à sa poursuite.

Quel ne fut pas son étonnement quand il trouva sous le péristyle la bonne mame Toinon !

La pauvre femme faisait pour lui ce qu'il faisait pour la marquise.

— Ah! viens, s'écria-t-elle avec effroi en le revoyant seul auprès d'elle. Si tu savais ce que j'ai entendu !!!

Et, bon gré mal gré, elle l'entraîna vers la rue des Jeux-Neufs.

Chemin faisant, Tony, de nouveau enserré dans les bras de mame Toinon, lui demanda naturellement des explications sur son redoublement de terreur.

— Ah! mon pauvre ami, dit-elle, dans quelles aventures t'es-tu jeté !

— Mais enfin qu'y a-t-il ?

— Il y a que, au moment où tu reconduisais tes grandes dames, deux hommes sont venus rejoindre l'oiseau qui voulait te tuer.

— Qu'est-ce que cela fait? répliqua tranquillement Tony.

— Ce que ça fait ? Ah! tiens, tu m'épouvantes. Tu cours à la mort, pour sûr. Ils étaient vêtus de rouge, comme lui.

— De rouge? Alors c'étaient les marquis de Maurevailles et de Lacy...

— Comme tu nous défiles leurs noms! Ils ne savent pas le tien, eux, mais s'ils te tenaient !

— Qu'avez-vous donc entendu ?

— Voici. Quand tu es passé devant eux, celui que tu sais a raconté ton affaire aux autres. Sais-tu aussi ce que le grand a répondu ? Il a dit : « Puisque ce petit-là veut nous gêner, tu as eu tort de ne pas en finir avec lui. » A quoi l'autre a répliqué : « Veux-tu que je lui cherche querelle ? Dans une seconde ce sera fait. — Non, a riposté notre oiseau, j'ai réfléchi. Il y a un lieutenant de police à Paris. Il pourrait se fâcher à la fin. Attendons une occasion meilleure. » J'espère que tu te tiendras tranquille maintenant?

— Je n'en ai plus le droit.

— Tu me feras mourir.

Et, jusqu'à la maison, la pauvre femme se répandit en jérémiades désespérées !

XIII

A L'HOTEL DE VILERS

Après avoir enfin gagné sa chambre, Tony, tout bouleversé par les terreurs de mame Toinon, récapitula dans son cerveau les événements singuliers dont il venait d'être témoin et acteur.

Pour un enfant de seize ans, habitué à l'existence calme et un peu effacée qu'il avait menée jusqu'alors auprès de la bonne mame Toinon, il y avait de quoi devenir fou.

Tony en était à se demander s'il n'avait pas rêvé, si le duel sans témoins, la cassette d'ébène, le manuscrit du mort, l'histoire des Hommes Rouges et enfin l'aventure du bal de l'Opéra n'étaient pas le résultat d'un épouvantable cauchemar...

Malheureusement il n'y avait pas à en douter. Tout cela était arrivé, bien véritablement arrivé.

— Que vais-je faire, ou plutôt que dois-je faire?

se demandait le jeune commis en s'asseyant, pour réfléchir, sur le bord de sa couchette.

Il songeait que son premier devoir était maintenant d'informer la comtesse de Vilers de la mort de son mari. Mais il était peut-être bien tôt pour se présenter à l'hôtel. La jeune femme, rentrant du bal, épuisée par tant d'émotions, n'avait-elle pas besoin d'un repos si péniblement gagné?

Il se dit qu'il valait mieux attendre quelques heures. Il ferait jour alors à l'hôtel de Vilers. La comtesse, remise de sa nuit, serait mieux à même de recevoir l'épouvantable nouvelle.

Puis Tony succombait à la fatigue; malgré lui, ses paupières s'appesantissaient.

Il pensa que sa mission ne se bornait pas à voir la comtesse, qu'il lui restait bien d'autres choses à faire et que, loin de nuire au succès, quelques heures de sommeil lui rendraient, à lui aussi, la force nécessaire pour les accomplir jusqu'au bout.

Dans cette idée, il se coucha tout habillé sur son lit et s'endormit, — pour quelques heures, pensait-il.

Mais, l'on doit s'en douter, le pauvre garçon était rompu de lassitude, et à son âge on dort bien.

Quand il se réveilla, le jour commençait à tomber...

— Ah! mon Dieu, s'écria-t-il, quelle heure peut-il être et combien de temps ai-je dormi?

Pourvu qu'il ne soit pas trop tard maintenant!...

Et, sans quitter le costume de mousquetaire qu'il avait porté à l'Opéra, costume qui, du reste, nous l'avons dit, allait remarquablement bien à sa figure éveillée et fière, il descendit les escaliers quatre à quatre et s'élança dans la rue.

Il arriva bientôt à l'île Saint-Louis. La porte de l'hôtel était fermée.

Il frappa. Personne ne répondit.

— Que se passe-t-il donc? se demanda-t-il.

Tony saisit de nouveau le marteau et se mit à frapper de toutes ses forces. Mais ce fut en vain.

Quelques bourgeois du voisinage, seuls, ouvrirent leurs fenêtres pour voir d'où venait ce tapage. Puis, se disant que les affaires de l'hôtel de Vilers ne les regardaient point, ils rentrèrent prudemment dans leur logis.

Tony ne se rebuta pas. Irrité au contraire de ce silence, il voulut en pénétrer la cause.

— L'hôtel, pensa-t-il, doit avoir une autre sortie, soit du côté de la Seine, soit sur la rue voisine.

Et il se mit à chercher cette issue.

Il ne se trompait pas.

Comme toutes les demeures seigneuriales de cette époque, l'hôtel de Vilers donnait sur d'immenses jardins qui s'étendaient jusqu'au quai de Béthune.

Le mur, qui leur servait de clôture, avait sans doute quelque point vulnérable, quelque brèche où il était facile de le franchir en s'écorchant un peu les mains et les genoux.

Il est vrai que Tony, en commettant ainsi une escalade, s'exposait à recevoir un coup de fusil ou tout au moins à être arrêté par quelque jardinier.

Mais il n'y pensa même pas.

Et, depuis vingt-quatre heures, il en avait vu bien d'autres !

Il prit donc sa course vers le quai, décidé à pénétrer de vive force dans l'hôtel.

Comme il arrivait au coin de la rue de la Femme-sans-Tête, il aperçut une voiture attelée de deux chevaux qui stationnait sous la garde d'un cocher.

Très pressé d'arriver à son but, le jeune homme ne jeta qu'un regard distrait sur cette voiture, un de ces grands carrosses monumentaux suspendus à d'immenses courroies de cuir, comme on les faisait en ce temps-là et dont on retrouve encore quelques spécimens au Petit-Trianon et au musée de Cluny.

D'ailleurs l'eût-il regardée, il n'eût pu voir dedans, car devant les glaces les rideaux de cuir étaient fermés.

Quant au cocher, qui ne portait pas de livrée, il avait, pour se préserver sans doute contre le froid de janvier, relevé jusqu'aux oreilles les collets de sa roquelaure, et les boucles de sa perruque lui cachaient en grande partie le visage.

Tony avait d'ailleurs bien autre chose à faire

que de s'occuper de ce carrosse, qui appartenait probablement à quelque seigneur du voisinage.

Il lui tardait d'en finir.

Il examina rapidement la muraille du jardin et trouva bientôt l'aide qu'il cherchait.

Par-dessus la crête du mur, un gros arbre moussu laissait passer une branche comme pour inviter à s'en servir.

En sautant, l'apprenti saisit cette branche ; puis, roidissant les reins et raccourcissant progressivement les bras, il exécuta ce que les gymnastes appellent le *rétablissement*.

Tout essoufflé de cet effort, il s'assit sur la branche pour se reposer un peu.

Le plus dur était fait. Il ne s'agissait plus que de descendre. Mais Tony dominait le jardin ; il voulut en profiter pour s'orienter.

Comme il examinait les larges allées, se demandant laquelle conduisait directement à l'hôtel, un cri étouffé se fit entendre à quelque distance de lui, suivi d'un piétinement.

Puis les branches d'un fourré crièrent, froissées par la chute d'un corps.

Tony dégringola, plutôt qu'il ne sauta, du haut de sa branche et s'élança vers le point d'où partait le bruit.

Deux hommes luttaient en effet dans un fourré. L'un d'eux, qui tenait l'autre sous son genou et était en train de le bâillonner, était enveloppé d'un grand manteau.

Et, à la pâle clarté de la lune qui se levait, le jeune homme vit en pâlissant la couleur de ce manteau...

L'agresseur était un des Hommes Rouges !..

Quant à celui qu'on bâillonnait, Tony le reconnut également. C'était le vieux Joseph, l'ami, le valet de chambre du marquis.

Tony aussitôt s'élança au secours du vieillard.

Mais il se dit que la marquise était certainement en péril et qu'il fallait avant tout courir la défendre.

Le misérable, occupé à bâillonner Joseph, ne s'était pas aperçu de l'arrivée du jeune homme.

Celui-ci s'esquiva sans bruit et courut vers l'hôtel.

Comme il allait franchir la porte, une ombre se dressa devant lui.

C'était encore un homme drapé dans un manteau pareil à celui du premier.

C'était le deuxième des Hommes Rouges !...

Il barra le passage à Tony. Mais le commis à mame Toinon avait en ce moment la force et le courage d'un lion. Que lui importait le péril ?... Il voulait passer !

D'un coup d'épaule, il culbuta l'ombre qui tentait de lui barrer le passage.

Puis, les yeux étincelants, les narines gonflées, les tempes battant la fièvre, il s'élança dans l'hôtel.

L'homme qu'il venait de renverser s'était relevé et s'était mis à sa poursuite.

Qu'est-ce que cela faisait à Tony ?

Tony s'était promis d'arriver jusqu'à la marquise !

Et il fallait qu'il y arrivât, malgré les murs, malgré les grilles, malgré les Hommes Rouges et leurs spadassins et leurs suppôts.

Et, vive Dieu ! s'il était besoin d'engager une lutte, il l'engagerait !... Mame Toinon n'était pas là !

Tony ne se connaissait plus. Le feu de la bataille l'avait embrasé ; il lui semblait entendre mille clairons sonnant la charge.

Comme les volontaires en sabots qui, quarante ans plus tard, devaient enlever à la baïonnette, au chant de la *Marseillaise,* les batteries de la vieille armée allemande, il sentait quelque chose qui l'emportait malgré lui.

Il eût, à ce moment, sans reculer d'une semelle, engagé la lutte contre tout un régiment.

A peine avait-il franchi le vestibule, qu'il aperçut le troisième des Hommes Rouges qui, cherchant comme lui, sans doute, à arriver aux appartements de la marquise, hésitait entre deux couloirs.

Tony s'élança vers lui. L'homme tira son épée.

Mais le jeune mousquetaire de l'Opéra avait, lui aussi, une épée au côté, une épée qui brûlait de prendre une revanche et qui sortit toute seule du fourreau.

L'arme haute, il fondit sur l'Homme Rouge.

Celui-ci, stupéfait de cette brusque attaque, rompit d'un pas.

L'autre Homme Rouge arrivait ; Tony, bondissant en arrière, lui cingla le visage du revers de sa rapière, dont il se servait comme d'une cravache.

Le nouveau venu poussa un juron énergique et dégaîna à son tour.

Le pauvre Tony était pris entre deux lames menaçantes.

Il était perdu.

Que pouvait-il faire, en effet, contre ces deux hommes que toute l'armée avait connus comme les plus habiles bretteurs de l'entourage du maréchal de Belle-Isle?

Mais s'il fallait mourir, au moins Tony mourrait bravement, et en donnant, lui aussi, la mort. Se jetant dans une encoignure, il attendit de pied ferme l'attaque de ses ennemis.

Il en vit venir en effet un encore, celui-là même qui tout à l'heure bâillonnait Joseph.

Seulement l'arrivant, au lieu de sembler prêt à tirer l'épée, avait au contraire l'air consterné.

Il dit :

— On vient d'enlever la marquise !

A ces mots, il y eut comme une trêve entre les trois adversaires abasourdis.

— Enlever la marquise ! s'écrièrent-ils ensemble.

— Et dans ma propre voiture ! répondit le nouveau venu.

— L'enlever ! mais qui donc alors ? murmura Tony.

Les Hommes Rouges étaient non moins stupéfaits que lui.

Le carrosse qu'ils avaient amené pour enlever la marquise avait servi à un autre !...

Quel pouvait être cet autre qui était venu ainsi se jeter si fatalement dans leurs brisées ?

Comment avait-il su que le carrosse était là tout prêt, tout disposé pour une longue route ?

Un instant, l'idée leur vint que ce courtaud de boutique, qui se mêlait de leurs affaires, était peut-être l'auteur de leur mésaventure.

Mais il n'y avait qu'à regarder Tony pour se convaincre de sa parfaite innocence et même de l'abattement dans lequel l'avait plongé le mystère qui venait de s'accomplir. On ne joue pas ainsi, à un tel âge, le désappointement, le trouble, la peur de l'inconnu.

Sans plus s'occuper de lui, qui semblait hébété sur le siège où la surprise l'avait cloué, les trois amis quittèrent donc cet hôtel où ils n'avaient que faire.

Leurs chevaux, gardés par des palefreniers, les attendaient sur le quai, non loin de l'hôtel de Vilers.

Les Hommes Rouges se mirent en selle.

— Et maintenant avisons vite, dit Lavenay.

— Séparons-nous et poursuivons le ravisseur, proposa Marc de Lacy.

— Mauvais moyen, murmura Maurevailles.

— Mais avec nos palefreniers, nous sommes six. En allant de six côtés différents...

Maurevailles l'interrompit :

— Peux-tu me jurer que le carrosse ne passe pas en ce moment par l'un des cent autres côtés ? Or, dans notre situation, il ne faut point courir la chance ; on ne l'attrape jamais.

— Connaîtrais-tu donc le moyen certain de retrouver la marquise ?

— Hé ! laisse-moi le chercher, fit Maurevailles avec impatience.

Et, pendant quelques minutes, les trois cavaliers, dont les palefreniers se tenaient respectueusement à distance, se creusèrent le crâne pour y trouver l'expédient sauveur.

Rien, ils ne trouvaient rien !

Ah ! Tony aurait beau jeu si, au lieu de rester anéanti sur son siège, dans la salle abandonnée de l'hôtel de Vilers, il se donnait la peine de chercher !

Mais Tony, le pauvre Tony était comme mort, épuisé par tant d'événements divers.

La veille seulement, à ce mot : « On enlève la marquise ! » il n'eût pas hésité à s'élancer par la fenêtre. Guidé par le bruit des roues du carrosse, qui alors n'eût pas eu le temps de s'éloigner, il se serait cramponné à l'une des portières. Qui sait ce qu'il eût fait !

Mais la force d'un enfant a des bornes et,

tandis que la fatigue le domptait, les ennemis de la marquise délibéraient ...

Tout à coup Lavenay poussa un cri :

— Nous n'avons qu'une chose à faire, fit-il.

— Parle, dit Marc de Lacy.

— Cet homme qui vient d'enlever la marquise, reprit Lavenay, ne restera pas à Paris...

— Qu'en sais-tu ?

— D'abord, il doit évidemment nous connaître et il sait de quoi nous sommes capables. Nous avons retrouvé la comtesse Haydée, malgré toutes les précautions prises par Vilers. Ici nous la retrouverions encore, malgré tout le soin que cet inconnu pourrait mettre à la cacher. Donc il va quitter Paris et probablement la France.

— Lavenay a raison, s'écria de Lacy, mais quel peut être cet homme ?

— Je n'en sais rien. Nous chercherons cela plus tard. Le plus pressé, c'est de le joindre. On ne fait pas un long voyage ainsi, surtout avec une femme, à l'improviste et sans bagages. Il ne faut pas oublier que le carrosse m'appartenait, il n'y a qu'un quart d'heure. Notre ennemi a dû toucher à son hôtel pour prendre quelques malles, puis il gagnera au plus vite l'une des portes de Paris. Si nous savions laquelle, il nous serait facile d'aller l'y attendre. Mais Paris a quinze barrières et nous ne sommes que six, dont trois imbéciles.

— Que faire alors ?...

— Ma foi ! prendre un grand parti : courir

chez le lieutenant de police et l'informer de ce qui s'est passé. On connaît assez ses habitudes pour être sûr qu'il enverra immédiatement du monde à toutes les portes de Paris.

Si le carrosse veut sortir, on l'arrêtera.

S'il est déjà passé, on saura quelle direction il a prise.

Et qu'on nous dise cela..., avec les chevaux que nous avons, nous l'aurons vite rattrapé.

— Lavenay a raison, dit Marc de Lacy, mais je crois qu'il est bon de ne mettre qu'en partie le lieutenant de police dans la confidence.

— C'est évident.

— Peut-être aussi serait-il maladroit de nous montrer à lui tous les trois.

— Certes, dit Lavenay, un seul doit se rendre à l'hôtel de la police.

— Et celui-là ?

— Ce sera moi, si vous le voulez bien. Partons ensemble. Vous m'attendrez sur la place Vendôme.

Et les Hommes Rouges partirent au quadruple galop.

XIV

OU LA POLICE FAIT PLUS QU'ON NE LUI DEMANDE

L'hôtel de la police n'était pas situé à cette époque dans le quartier où il est aujourd'hui. Il touchait à l'enclos des Capucines, avec lequel il a depuis longtemps disparu.

Le lieutenant général de police était alors M. Feydeau de Marville, ancien conseiller au Parlement de Paris.

C'était un homme d'une équité sévère et qui n'avait ni l'âpreté, ni la verve inquisitionnelles de son prédécesseur, M. Hérault, celui que le fameux voleur Poulailler attacha un jour dans son propre cabinet, en dépit des gardes et des agents.

M. de Marville, au contraire, s'appliqua à rendre ses fonctions utiles à tout le monde, aux petits comme aux grands, aux pauvres comme aux riches, et il révoqua plusieurs agents qui, dans leur habitude d'omnipotence, avaient abusé de leurs fonctions.

Dans la célèbre affaire de la tragédie de *Mahomet*, il n'hésita pas à faire, auprès de Voltaire, une démarche personnelle qui eut le meilleur résultat.

Tel était l'homme qu'allait voir M. de Lavenay.

Malgré l'heure avancée et bien qu'il travaillât avec ses secrétaires à des règlements sur les jeux publics, très difficiles à réprimer, M. de Marville n'hésita pas à recevoir le gentilhomme, dont le nom lui était fort connu.

Lavenay lui raconta l'enlèvement, sans dire quelle part ses amis et lui avaient eu l'intention d'y prendre.

Tout au contraire, il donna comme motif de sa démarche la vieille amitié qui l'unissait au marquis de Vilers ?

M. de Marville l'écoutait avec attention.

A la fin, il demanda, tout en fixant sur Lavenay ses yeux de lieutenant de police :

— Mais que faisait donc pendant ce temps-là le marquis de Vilers ?

Un instant, Lavenay, qui ne s'attendait point à cette question parce qu'on oublie toujours la chose principale, resta décontenancé, mais il se remit bien vite et riposta gaillardement :

— Vilers ? mais il est en voyage !

— Et depuis quand ?

— Depuis quelques jours.

— Oh ! c'est étrange ! j'avais cru l'apercevoir hier au petit lever du roi et même lui entendre dire qu'il n'était pas près de quitter Paris.

— Vous ou moi, nous nous trompons, M. le lieutenant de police. La vérité est qu'à l'heure de l'enlèvement, Vilers n'était point chez lui.

— Soit ! mais qui vous fait supposer que l'inconnu qui a enlevé la marquise doive, lui aussi, quitter Paris ?

La réplique encore était difficile. Lavenay ne pouvait tenir en effet à faire part à M. de Marville de la poursuite sans merci dont lui-même et ses amis menaçaient la marquise.

Il trouva cette réponse :

— Le ravisseur ne doit-il pas craindre, monsieur le lieutenant de police, qu'à Paris vous ne mettiez trop tôt la main sur lui ? Aussi soyez certain qu'il ne songe qu'à vous fuir. C'est pour cela que je me suis permis de venir à cette heure indue.

Le magistrat s'assit à son bureau et écrivit rapidement un ordre.

Puis il frappa sur un timbre. Un huissier entra.

M. de Marville lui remit l'ordre qu'il venait d'écrire.

— Dans un quart d'heure d'ici, dit-il, tous les postes des portes de Paris seront informés qu'il faut arrêter le carrosse s'il passe, qu'il faut lui donner la chasse, s'il est passé.

Lavenay se mordit les lèvres.

On lui accordait plus qu'il ne demandait.

La maréchaussée à la poursuite de l'homme mystérieux, c'était une grande chance pour qu'il pût s'échapper avec sa précieuse conquête. Ou, dans le cas où la police parviendrait à l'arrêter, c'était la marquise ramenée à son hôtel et protégée, au moins pour un temps assez long, par M. de Marville, contre les entreprises des Hommes Rouges.

Cependant Lavenay réfléchit qu'avec des chevaux comme ceux qu'ils possédaient, lui, Lacy et Maurevailles, il leur serait facile de devancer les lourdes montures des cavaliers de la maréchaussée.

Aussi fut-ce le sourire sur les lèvres qu'il demanda à M. de Marville de vouloir bien lui permettre d'attendre les renseignements qu'il allait recevoir, afin qu'il pût aller sur les traces du ravisseur.

Mais le magistrat secoua la tête.

— Ce que vous sollicitez là, monsieur le comte, est impossible, dit-il.

— Impossible ! pourquoi ?

— Parce que je vous arrête !

— Vous m'arrêtez ?

— Comme accusé d'assassinat sur la personne de votre ancien ami, le marquis de Vilers !...

Lavenay devint livide.

Comment M. de Marville savait-il que M. de Lavenay avait tué le marquis ?

Le duel n'avait eu d'autre témoin que Tony.

Et ce n'était pas lui qui avait averti le lieutenant de police.

Mais M. de Marville venait de parler *au jugé*.

Il n'avait que des soupçons et voulait les changer en certitude.

A la suite des nombreux crimes qui se commettaient chaque nuit dans Paris, M. de Marville avait pris une ordonnance fort sage pour l'époque.

Cette ordonnance, en date du 17 mai 1743, prescrivait à tout chirurgien d'avoir à déclarer à la police, dans les vingt-quatre heures, le nom, le domicile et le genre de blessure des gens qu'on portait à soigner chez eux.

De cette façon, quand deux gentilshommes se coupaient galamment la gorge, il n'était plus possible au blessé de se faire soigner en secret et de cacher le duel.

Les exempts avaient reçu en même temps des ordres très sévères sur le même sujet.

Ils ne pouvaient plus, comme autrefois, dire en trouvant un cadavre sanglant :

— Voilà un homme qui s'est battu. Tant pis pour lui !...

Il leur fallait au contraire recueillir sur la cause et les circonstances du duel tous les renseignements possibles.

Quelques-uns remplissaient exactement ce devoir ; beaucoup trop le négligeaient.

Or, par hasard, l'exempt qui avait vu relever le cadavre et l'avait fait transporter aux caveaux du Châtelet était un homme intelligent et zélé.

Grâce aux soins pris par Tony, il n'avait pu constater l'identité du mort.

Mais il avait questionné tous les portiers de la place Royale.

Et il avait appris qu'un homme en manteau rouge avait été vu, vers l'heure du meurtre, d'abord entrant fort tranquillement dans cette place, puis s'éloignant à pas rapides.

Cet agent avait fait son rapport au lieutenant de police.

Et celui-ci, voyant le manteau rouge de Lavenay, s'était dit tout de suite :

— Voilà le meurtrier.

Quant au nom de la victime, il l'avait trouvé par un semblable enchaînement d'idées :

Lavenay, encore en manteau rouge, déclarait venir de l'hôtel de Vilers... où l'on avait enlevé la marquise... qu'il paraissait aimer plus qu'il ne fallait...

Et le mari de celle-ci avait disparu ?...

Évidemment la victime de la veille, ce gentilhomme inconnu, dont on cherchait le nom, c'était le marquis.

M. de Marville tenta l'épreuve.

On a vu comment elle réussit. La pâleur de Lavenay lui prouva qu'il avait touché juste.

Cependant, la première surprise passée, le comte se remit :

— Monsieur le lieutenant de police, dit-il, on a bien raison de prétendre qu'aucun fait ne vous est longtemps ignoré. Je vous donnerai tout à l'heure des explications qui vous satisferont, je l'espère. Cependant mes amis, MM. de Lacy et Maurevailles, attendent avec une impatience fébrile le résultat de ma démarche. Moi-même, je suis plus anxieux sur le sort de madame la marquise de Vilers que sur le mien propre. J'ai tué en duel loyal son mari, qui m'avait mortellement offensé. Mais un grand danger la menace, je le sens, j'en suis sûr Si je ne puis courir sur les traces du ravisseur, permettez-moi au moins de prier mes amis, sur qui ne pèse aucune accusation, d'y aller à ma place.

M. de Marville ne répondit pas, mais pour la seconde fois, il frappa sur le timbre.

L'huissier parut.

— Dites à M. La Rivière de venir ici.

L'huissier s'inclina et sortit.

XV

LE RAVISSEUR DE LA MARQUISE

Presque aussitôt apparut M. La Rivière, un gros bonhomme à la face rougeaude, au sourire béat, tout le contraire du type que l'on se fait généralement du policier de l'ancien régime. Il est vrai que ses petits yeux gris, percés en vrilles, brillaient comme deux étoiles derrière les lunettes bleues qui les abritaient. Sans ces deux yeux, on eût pu prendre M. La Rivière pour un franc imbécile. Quand on les avait vus fixés sur soi, on frissonnait.

M. La Rivière fit un magnifique salut et attendit, les mains croisées sur son ventre, que M. de Marville l'interrogeât.

— La Rivière, demanda le lieutenant général, a-t-on exécuté mes ordres relativement aux barrières ?

Le policier tira sa montre, une grosse montre d'argent :

— L'expédition a été faite à moins onze, supputa-t-il, le départ à moins quatre... Mettons quinze minutes l'une dans l'autre pour le trajet ventre à terre. Monseigneur, dans trois minutes tous les postes seront prévenus. La plupart les ont déjà.

— Et s'il y a un résultat ? ne put s'empêcher de demander Lavenay.

M. La Rivière répondit :

— S'il y a un résultat, monseigneur le saura au bout d'un quart d'heure.

M. de Marville congédia du geste le policier qui salua et disparut.

— Vous le voyez, comte, dit-il, tout est prévu. Les mesures les plus sérieuses sont prises. Vous n'avez donc rien à redouter pour la marquise. Quant à vos amis qui vous attendent, je ne veux pas les laisser se morfondre inutilement sur la place Vendôme, où ils doivent commencer à trouver le temps long. Je vais les envoyer chercher.

— Pardon, monsieur le lieutenant de police, se permit-il de demander. Mais comment savez-vous que c'est place Vendôme qu'ils m'attendent ?

Pour toute réponse, M. de Marville tendit au comte un papier que M. La Rivière, en entrant, avait invisiblement placé sur le bureau.

Lavenay lut sur ce papier :

— Deux autres Hommes Rouges se promènent place Vendôme.

— C'est admirable, fit-il en s'inclinant.

— Mais, en attendant, reprit M. de Marville, racontez-moi par suite de quelles étranges circonstances vous avez pu arriver à tuer votre ami intime, le marquis de Vilers.

Lavenay commença son récit et expliqua les faits que nous connaissons déjà pour les avoir lus, avec Tony, dans le manuscrit du mort.

Seulement, le récit de Lavenay s'arrêtait au départ du marquis, de celui qu'il appelait « le traître. »

— Il avait failli à sa parole, ajouta le comte ; nous nous réunîmes en tribunal pour le juger.

— Et vous l'avez condamné ?

— A mort.

Le lieutenant de police avait écouté avec un vif intérêt ce récit presque fantastique.

— Et la comtesse Haydée ? demanda-t-il.

— Il fut décidé que rien ne serait changé à son égard.

— Comment cela ?

— Nous avions juré qu'elle serait à celui dont le nom était sur le bulletin choisi par elle.

— Eh bien ?

— De deux choses l'une : ou le marquis avait fait disparaître ce bulletin, ou le papier était resté entre les mains de la comtesse. Dans le second cas, la chose allait naturellement ; car il est évident que si son nom avait été sur ce papier, le marquis n'eût pas eu besoin d'enlever la comtesse pour l'épouser.

— Et si le bulletin était détruit ?

— Il l'est. Or, le marquis étant mort, le pacte subsiste entre nous trois. Nous referons trois billets, et, comme la première fois, nous consulterons le sort.

— Mais vous savez que la comtesse Haydée ne vous aime pas, puisqu'elle avait choisi M. de Vilers ?

— Parfaitement. Aussi sera-ce là sa punition.

— Sa punition?

— Elle apprendra la mort de celui qu'elle aimait, et qui a trahi son serment, et appartiendra à l'un de nous, à celui que le sort désignera.

— Et si celui-là est M. de Lacy ou M. de Maurevailles?

— Je mettrai autant de zèle à l'aider que j'ai mis d'acharnement à poursuivre et à tuer le marquis.

— Mais c'est de la folie !...

— Pour nous trois, liés par notre parole, c'est de l'honneur !

On gratta à la porte.

L'huissier venait avertir le lieutenant de police que les deux gentilshommes qu'il avait envoyés chercher étaient là. M. de Marville se leva pour recevoir MM. de Maurevailles et de Lacy.

Ceux-ci étaient déjà depuis longtemps sur la place Vendôme, enveloppés dans leurs manteaux, et marchant de long en large, à côté de leurs chevaux tenus en laisse par les palefreniers, quand on était venu les mander près du lieutenant de police. Ils se doutèrent qu'il était arrivé quelque incident nouveau. Aussi, après les salutations, parurent-ils attendre une explication.

— Messieurs, leur dit M. de Marville, je viens d'avoir un long entretien avec votre ami. Il m'a raconté votre pacte. Il ne m'a pas caché qu'il l'avait déjà en partie accompli. Il reconnaît que c'est lui qui a tué le marquis de Vilers.

— En duel! répondirent en même temps les deux gentilshommes.

— Et il m'a affirmé en outre que le combat avait été loyal...

— Nous nous en portons garants pour lui, s'écria Maurevailles.

— Et nous demandons notre part de responsabilité, ajouta Lacy.

M. de Marville réfléchit un instant. Certes, le cas était grave. Il y avait eu un meurtre commis et la victime était un officier connu de la cour et de la ville. Cela pouvait engendrer un grand scandale. Mais d'un autre côté, ce n'était que par induction que le lieutenant de police était arrivé à savoir le nom du mort. Pour tout le monde, le cadavre qui reposait là-bas dans les caveaux du Châtelet était celui d'un inconnu.

Au pis-aller, si plus tard on arrivait à savoir que le marquis de Vilers avait été tué, les trois officiers n'hésiteraient pas à répondre de cette mort. Ils l'avaient promis. Et le lieutenant de police voyait qu'ils étaient gens à tenir leur parole. Il était d'ailleurs en pouvoir de les y contraindre.

En ce temps, malgré les édits, il y avait pour

les duels une grande tolérance. On ne courait donc pas grand risque à fermer les yeux sur celui-ci. Quant à l'exempt qui avait fait l'enquête, il n'était pas difficile de lui fermer les yeux et la bouche.

— Messieurs, dit M. de Marville, j'accepte votre parole. Vous êtes libres. Et maintenant attendons le résultat des mesures prises relativement au carrosse. Justement voici une estafette qui arrive. Peut-être allez-vous savoir quelque chose.

En effet le galop d'un cheval venait de retentir sur les pavés inégaux de la rue des Capucines. On entendit ce cheval s'arrêter devant l'hôtel, puis un cavalier de la maréchaussée, dont le sabre traînait sur les marches, monter l'escalier.

Aussi impatient que les trois amis, M. de Marville n'attendit pas qu'on vînt le prévenir et se précipita dans l'antichambre.

Le cavalier tenait à la main un large pli scellé. M. de Marville lui arracha la lettre et rentra dans son cabinet en regardant la suscription.

— Porte Saint-Antoine! dit-il.

Il brisa le cachet et parcourut rapidement la dépêche en murmurant :

— Oh! c'est étrange!

— Que se passe-t-il donc? demandèrent à la fois Lavenay, Maurevailles et Lacy.

— Voyez vous-mêmes, Messieurs. Selon mes ordres, on a arrêté le carrosse à la porte Saint-Antoine...

— Eh bien ?...

— Il contenait deux personnes : un homme âgé, vêtu d'un surtout de fourrures, et une jeune femme...

— Le ravisseur et madame de Vilers...

— A l'invitation des gardes, l'homme aux fourrures s'est incliné avec un sourire...

— Et on l'a arrêté ?

— On l'a laissé libre.

— Comment cela ?...

— La marquise s'est penchée à la portière et a prié le chef des gardes de ne pas mettre obstacle à leur voyage.

— C'est impossible !

— Lisez plutôt. Elle a déclaré qu'elle partait librement avec...

— Avec ?... interrompirent les Hommes Rouges suspendus aux lèvres du lieutenant !

— Avec son père !!!

Les trois gentilshommes restèrent anéantis. Marc de Lacy reprit le premier son sang-froid; il demanda enfin :

— Mais où l'emmène-t-il ?

— Il n'appartient à personne de le lui demander.

. . . .

XVI

OU JOSEPH VA DE STUPÉFACTION EN STUPÉFACTION

Après plus d'une heure d'anéantissement physique et moral, Tony s'était réveillé plus allègre, plus ardent, plus prêt à sauver et à punir aussi.

Tout d'abord, il se dit :

— Ce qu'il y a de mieux à faire pour l'instant est d'observer ici même ce qui a pu s'y passer, après avoir délivré toutefois ce pauvre Joseph.

Mais la manière belliqueuse dont il était entré dans cette partie de l'hôtel l'avait empêché d'étudier son chemin. Et celles des lumières que le vent n'avait pas éteintes étaient consumées jusqu'au bout. Il prit au hasard le premier corridor venu, courut droit devant lui et se cogna contre le battant ouvert d'une fenêtre. Si faible qu'elle fût, la clarté de la lune lui permit de mesurer d'un coup d'œil rapide l'espace qui le séparait du sol.

Il se trouvait au rez-de-chaussée. Il n'eut qu'à sauter. Devant lui s'étendaient de grands arbres.

Il était donc dans le jardin. Après vingt allées et venues, il aperçut enfin Joseph, resté abasourdi sous le massif où l'Homme Rouge l'avait jeté.

Ce pauvre Joseph était si bouleversé que, ne reconnaissant pas d'abord « le commis à mame Toinon », il se demandait si on ne venait point l'achever.

— Oh ! grâce ! Ne me faites point de mal, murmura-t-il quand Tony lui eut ôté son bâillon.

— N'ayez pas peur. C'est moi.

— Vous, monsieur Tony ? Que vous êtes bon ! Vous voulez donc sauver tout le monde ?

Et le vieux serviteur baisa les mains qui le déliaient.

— Mais que s'est-il passé ? demanda-t-il.

— Je ne le sais pas moi-même exactement.

Le vieillard, dont les membres avaient été engourdis sous la corde qui les serrait, trébuchait sur ses jambes.

— Il ne s'agit pas d'être malade, fit Tony. On a enlevé votre maîtresse.

— Ils ont enlevé madame ! Oh ! les misérables !

— Ce ne sont pas eux.

— Qui donc alors ?

— Nous allons peut-être le savoir. Venez.

Le danger couru par la marquise avait rendu toute son activité à Joseph, qui se sentait maintenant aussi jeune que Tony.

— Voyez d'abord, dit celui-ci, comment il se fait qu'on ne m'ait pas ouvert quand j'ai frappé, comment il se fait que pas un domestique ne soit accouru au bruit de ce qui s'est passé. Moi, je vais demander autre chose aux voisins. Nous nous retrouverons sur le pas de la grand'porte.

Et, de nouveau, Tony enjamba le mur. Il tomba quai de Béthune et fut, en quelques enjambées, rue de la Femme-sans-Tête, où il ne se fit aucun scrupule de réveiller les portiers. Il avait dans sa poche l'argent pris par lui dans celle du marquis de Vilers et qu'il aurait rendu ce soir même à la marquise, s'il avait pu la voir, hélas !

— Cet argent qui est à elle, je puis bien l'entamer pour elle, se dit-il, puisque je n'en ai pas à moi.

Et, grâce aux écus habilement semés ici ou là, voici ce qu'il apprit :

A la tombée de la nuit, un carrosse était venu se poster au coin de la rue de la Femme-sans-Tête.

C'était le carrosse qu'il avait remarqué en venant. Il y avait à peine quelques minutes que cette voiture était là, quand un homme, couvert de fourrures et paraissant assez âgé, s'était approché du cocher, le seul serviteur qui la gardât. A la lueur des lanternes, on l'avait vu donner de l'argent à ce cocher et causer longuement avec lui.

Puis il s'était dirigé vers la porte de l'hôtel.

Il n'avait pas même eu besoin de frapper.
La porte était ouverte. Quelques minutes après, il sortit. Mais cette fois il n'était plus seul. Madame de Vilers le suivait. La marquise avait jeté sur ses

épaules une grande mante de voyage. Bien qu'elle ne semblât faire aucune résistance, elle avait plutôt l'air d'obéir que de partir librement. Dans le court trajet qui séparait de l'hôtel le carrosse, elle porta plusieurs fois son mouchoir à ses yeux.

Au moment d'entrer dans la voiture, elle parut hésiter. L'homme lui saisit le bras et l'aida à monter. Il s'assit à côté d'elle et le carrosse partit au grand galop. Tony en avait pour son argent, du moins pour l'argent du marquis. En rentrant dans l'hôtel, il trouva, comme il était convenu, sur le seuil de la porte, le vieux Joseph qui, en l'apercevant, leva les bras vers le ciel par petites secousses. Ce geste a toujours voulu dire :

— Ce qui est arrivé est inimaginable !

— Eh bien ? lui demanda Tony en refermant la porte.

— Ah ! mon pauvre monsieur, ma maîtresse est perdue...

Et, pour abréger le récit de Joseph, récit coupé par des exclamations sans nombre, par des larmes et des hoquets, disons que le brave domestique, en parcourant les chambres, les cuisines, avait trouvé tout le monde endormi.

Enfin, il était parvenu à éveiller un laquais, à qu'il avait arraché mot à mot ces renseignements :

Vers trois heures de l'après-midi, un valet de chambre, se disant sorti de la veille de l'hôtel de Chevreuse et engagé aussitôt par le marquis, 'était introduit dans les cuisines.

Là, il avait fait vingt folies, raconté trente histoires et finalement demandé qu'on célébrât sa bienvenue, le verre en main. Il s'y était si bien pris que tous les domestiques de l'hôtel, y compris le suisse et les femmes de la marquise, avaient tour à tour trinqué avec lui.

Le laquais interrogé par Joseph ne savait rien de plus. Il avait tellement bu en compagnie de l'intrus que peu à peu la tête lui avait semblé lourde, puis il s'était endormi... Tous les autres avaient sans doute fait comme lui.

Tony était suffisamment éclairé.

Évidemment le soi-disant ex-laquais du duc de Chevreuse appartenait aux Hommes Rouges.

C'était lui qui, par l'ivresse, avait rendu inerte tout le personnel de l'hôtel de Vilers, puis avait ouvert la porte de la rue ; après quoi, obéissant vraisemblablement à un ordre, il s'était retiré.

Malheureusement pour les Hommes Rouges, ils avaient travaillé pour un autre larron.

Au moment où Joseph finissait de raconter à Tony ce qu'on vient de lire, le marteau de la porte, soulevé, retomba lourdement sur son clou.

Le vieux domestique alla ouvrir.

— Monsieur Joseph ? demanda la personne qui avait frappé.

— C'est moi.

— Voilà un papier pour vous. Il y a une réponse.

Certes, il y avait une réponse, et une bonne

Car ce papier disait :

« Prière à mon bon Joseph de remettre au porteur, contre le présent, dix mille livres.

» MARQUIS DE VILERS. »

— C'est étrange ! se dit le vieux domestique. Mon pauvre maître, qui me racontait toutes ses affaires, ne m'a point parlé de celle-là. Qu'est-ce que ça signifie ?

Pourtant il n'y avait rien à répliquer. L'écriture était bien celle du marquis. Le paraphe était bien le paraphe du marquis. Le papier était daté de la semaine précédente et n'avait donc pas été rempli par un fantôme. De plus, le cachet du marquis était apposé à l'un des angles.

Joseph dit :

— Attendez-moi.

Il alla chercher dix mille livres et paya, non sans tâcher de savoir en quelles circonstances ce bon avait été délivré.

— Je ne saurais vous l'apprendre, répondit le porteur. C'est une commission que je fais...

— Enfin ! murmura Joseph en reconduisant ce commissionnaire.

Et comme il s'apprêtait à fermer la porte :

— M'sieur, m'sieur, cria un de ces gamins de Paris qui, plus tard, devaient s'appeler des gavroches. Ne fermez pas. J'apporte quelque chose.

Le gamin, tout en sueur, qui courait aussi vite qu'un poney, vint s'abattre devant l'hôtel en tendant à Joseph un papier.

8.

— Pour qui cela ? demanda le vieux domestique.

— Pour... le... marquis de Vilers, répondit le gamin tout poussif.

— Hélas ! ne put s'empêcher de soupirer Joseph.

Le gamin continua :

— C'est de la part... d'une belle dame... qui était... dans un beau carrosse... Elle a écrit... pendant que son monsieur faisait charger des malles... Elle m'a dit... qu'on me payerait bien..

— Oh ! certes, répondit Joseph, qui vida sa poche dans les mains du gamin émerveillé, puis rentra dans l'hôtel et rejoignit Tony.

Mais à cette époque le respect des domestiques pour leurs maîtres était tel que, bien que le marquis fût mort et que cette lettre pût lui fournir une indication précieuse, Joseph n'osa pas l'ouvrir.

Longtemps il la tourna et retourna entre ses doigts. Ce billet n'était point cacheté. Une épingle seule le fermait. L'adresse était écrite au crayon.

— En finirez-vous ? demanda Tony impatienté.

— Je brûle d'ouvrir ce papier. Je n'en ai pas le courage.

— Je l'aurai, moi qui suis l'exécuteur testamentaire de votre maître !

Et le jeune homme s'empara du papier, fit sauter l'épingle et lut à haute voix ces mots également écrits au crayon :

« Cher ami,

» Le magnat m'emmène où vous savez ! Au moins je ne quitterai pas la France ! Veillez sur Réjane. Pauvre chérie ! Elle venait de se mettre au lit quand je suis partie. Dites-lui que je l'ai embrassée... Comptez sur moi comme je compte sur vous...

» Marquise DE VILERS. »

— Eh bien, demanda vite Tony après la lecture de ce billet. Où le magnat emmène-t-il votre maîtresse ! Vous devez le savoir aussi, vous ?

Joseph était atterré. Des propriétés du magnat, Joseph n'avait jamais entendu parler que du château du Danube et la marquise disait : « Au moins je ne quitterai pas la France ! »

Tony perdit de nouveau courage. Le fil conducteur que venait de lui tendre la Providence pour l'aider à se retrouver dans ce labyrinthe cassait tout à coup. Comment protéger la marquise maintenant ?

. . . .

Après avoir mûrement réfléchi, il s'arrêta définitivement à la résolution suivante :

Les trois autres ennemis de la marquise, — les siens en même temps, — étaient gardes-françaises.

Il le serait aussi.

D'abord, il le sentait en lui, il n'était pas né pour la vie douce et enfantine qu'il menait chez la bonne mame Toinon. Ce qu'il lui fallait, c'était la vie des camps, le tapage, la bataille. Il l'avait bien compris aux battements joyeux de son cœur, la première fois que sa main avait brandi une épée, la première fois que cette épée s'était croisée avec une autre. Et puis, dès son enrôlement, Tony serait auprès des Hommes Rouges. Malgré eux et à leurs côtés, il grandirait, les surveillant, ne les perdant pas de vue.

Le régiment est une grande famille où tout se sait : si les Hommes Rouges complotent, s'ils parviennent à découvrir la retraite du magnat, s'ils trament quelque entreprise contre la marquise, le garde-française Tony le saura et prendra ses mesures en conséquence...

— Je ne serai pas toujours simple soldat, se dit l'adolescent avec cette confiance superbe qu'il avait mise en toutes choses depuis la mort du marquis et qui lui était revenue. Je passerai anspessade, bas-officier, sous-lieutenant!... Je deviendrai l'égal de mes ennemis ! Ainsi le comte ne pourra plus refuser de se battre avec moi. Je laverai l'insulte qu'il m'a faite en même temps que je vengerai le marquis. Et la marquise n'aura pas honte de son défenseur. Oui, je serai l'égal de ces fiers capitaines, leur supérieur peut-être... Tiens! pourquoi pas ? parce que je ne suis point noble ? Bah ! L'armée mène à tout. M. Chevert, qui n'était pas plus noble que moi, est bien devenu maréchal de France !... Que je devienne général, ajouta-t-il en riant, je m'en contenterai. Le général Tony... Cela sonnerait joliment !...

Cependant, avant de s'enrôler, Tony songea qu'il lui restait un devoir à remplir.

Le corps du marquis de Vilers était toujours au Châtelet. Il en informa Joseph en l'invitant à aller avec lui.

La marquise n'étant plus là pour réclamer le corps de son mari et satisfaire aux derniers devoirs, ce soin incombait aux deux seuls vrais amis que le marquis eût à Paris : Tony et Joseph.

Dès que vint le matin, ils se rendirent donc au Châtelet, où on leur remit une magnifique bière de chêne, dans laquelle le lieutenant de police, voulant éviter le scandale, après la déclaration de MM. de Lavenay, de Maurevailles et de Lacy, avait enfermé le marquis.

Une messe fut célébrée à l'église de Saint-Louis-en-l'Isle, puis ils firent descendre le cercueil dans le caveau de la famille de Vilers, au Père-Lachaise.

— Mon pauvre maître, s'écria Joseph en fermant le caveau, c'en est donc fait de toi !!!

. . . .

FIN DU PROLOGUE

PREMIÈRE PARTIE

LE CHATEAU DU MAGNAT

I

LES GARDES-FRANÇAISES

Le lendemain de l'enterrement du marquis de Vilers, il y avait grande rumeur à la porte Montmartre, devant un cabaret qui avait cette enseigne bizarre :

Au sergent recruteur.

Une centaine de jeunes gens de quinze à vingt ans, appartenant pour les deux tiers à la classe ouvrière, et pour le tiers restant à la caste boutiquière et à la bourgeoisie de Paris, se pressaient aux abords du cabaret.

Un tambour des gardes-françaises avec son habit blanc à parements bleus, son tricorne et sa perruque poudrée, battait le rappel, et parfois, entre deux roulements, dépliait une grande pancarte et lisait à haute voix l'avis suivant :

« Monsieur le marquis de Langevin, mestre de camp, chevalier de l'ordre royal et militaire de Saint-Louis et colonel-général du régiment des gardes-françaises, fait assavoir :

« 1° Que, par ordonnance du roi, contresignée par Son Excellence le secrétaire d'État au département de la guerre, le régiment des gardes-françaises vient d'être augmenté de deux compagnies ;

» 2° Que, les cadres de ces compagnies ayant été formés et chaque officier pourvu de son emploi, il est nécessaire de compléter l'effectif ;

» 3° Que les jeunes gens qui désirent servir peuvent s'adresser, soit directement à M. le marquis de Langevin, soit à MM. de Bressuire et de Vauxcouleurs, capitaines-commandants d'icelles compagnies, lesquels les enrôleront ; soit enfin à Humbert, dit Pivoine, sergent recruteur, qui leur comptera dix pistoles en leur faisant signer leur engagement ;

» 4°... » (Nous ne garantissons pas le texte de cet article que Humbert, dit Pivoine, débita de mémoire sans regarder la pancarte) : « 4° Le régiment des gardes-françaises est le plus agréable de tous les régiments.

» On y danse le dimanche au son des violons et de la flûte.

» La solde est bonne, exactement payée.

» Les soldats ont la permission de dix heures tous les jours, et de minuit les jours de fête.

» Le colonel n'interdit à ses soldats, pourvu que le service ne souffre point, ni les amourettes, ni le cabaret. Les beaux garçons seront enrôlés de préférence, le régiment des gardes-françaises ayant à cœur de soutenir sa belle réputation de galanterie. »

Les variations exécutées par Pivoine sur ce quatrième et alléchant paragraphe auraient suffi à retenir la foule devant le cabaret du *Sergent recruteur*.

Pivoine était un grand diable d'homme qui pouvait bien avoir passé la cinquantaine.

Il était sec, maigre, osseux et portait une longue paire de moustaches blanches sur une trogne enluminée et d'un rouge incarnat qui lui avait valu ce nom de Pivoine.

Il était Gascon, hâbleur au delà de la permission, brave jusqu'à la témérité et buveur enragé. Sa mine rouge et son nez violacé disaient éloquemment qu'il avait largement usé de la tolérance dont les gardes-françaises jouissaient à propos du cabaret.

— Venez, mes garçons, mes petits amours, mes chérubins, reprit-il en faisant sonner quelques centaines de pistoles qu'il avait dans des sacs de cuir placés devant lui.

Qui veut servir le roi ? qui veut dix pistoles ?

Dix pistoles! cornes du diable! c'est un beau

denier, mes enfants, et qui ne se trouve pas sous les pieds d'un cheval, ni dans le capuchon d'un moine.

Dix pistoles ! sang du Christ ! si j'avais dix pistoles à moi appartenant, dix pistoles neuves, luisantes et jaunes comme celles-là, je voudrais épouser une femme de qualité qui aurait un carrosse et des laquais chamarrés à outrance...

Dix pistoles ! enfer et damnation ! continua Pivoine d'une voix enrouée, c'est assez d'argent, ma foi ! pour entretenir la plus belle fille de Paris pendant huit jours.

De temps en temps, le sergent interrompait sa parade pour faire signer un volontaire, qui prenait la plume en tremblant, écrivait son nom et son adresse, et touchait ensuite cinq pistoles.

— On donne les cinq autres, disait Pivoine, quand on se présente à la caserne.

Puis le sergent reprenait de plus belle :

— Il n'y a pas de meilleur métier que celui des gardes-françaises, mes poulets. On se lève tard, on ne fait pas de manœuvres, on est bien nourri, on boit du bon vin. Le jour, on joue au bouchon ; le soir, on fait la partie de cartes.

Les femmes du quartier sont amoureuses de nous... et nous le prouvent. Tenez, moi qui vous parle, mes lapins, moi, Pivoine, tel que vous me voyez, j'ai embroché plus de maris en ma vie qu'un cuisinier n'embroche de poulets.

Et Pivoine chantait d'une voix fausse et désagréablement timbrée :

> On fait l'amour,
> Tout le jour,
> Dans les gardes-françaises,
> On fait l'amour, sur ma foi !
> Dans les gardes du roi !...

Et les enrôlés arrivaient, signaient et touchaient la moitié de leur prime dont ils laissaient une bonne part avant de sortir du cabaret.

Tout à coup un jeune homme fendit la foule.

C'était presque un enfant ; il n'avait pas un poil de barbe, et il était blanc et pâle comme une jeune fille.

— Qu'est-ce que tu veux, toi, *mademoiselle ?* lui demanda Pivoine en le voyant s'approcher.

— Je veux m'enrôler.

— Dans les gardes-françaises ?

— Oui.

— Tu es trop jeune...

— J'ai passé seize ans.

Le sergent sourit.

— Tu es une fille habillée en garçon, dit-il ; c'est pour suivre ton amoureux... que tu veux...

Le jeune homme rougit jusqu'aux oreilles.

— Sergent, dit-il, je me suis battu cette semaine contre deux hommes ensemble, dont chacun était plus grand que vous, et je vous apprendrai quel est mon sexe véritable.

— Toi, bambin ?

— Moi.

Le sergent riait à gorge déployée. Son interlocuteur lui demanda de nouveau :

— Voulez-vous m'enrôler, oui ou non ?

— Non, tu es trop petit.

De rouge qu'il était, le jeune homme était devenu pâle.

— Sergent, dit-il, je vais aller trouver le marquis de Langevin. Ce soir, je serai soldat, et demain nous nous retrouverons.

Et Tony, car c'était lui, sortit du cabaret, la tête haute, le sourcil froncé, l'œil enflammé, le cœur plein de colère.

A la porte, il s'adressa au tambour :

— Où faut-il aller, lui demanda-t-il, pour trouver le marquis de Langevin ?

— Chez lui, à son hôtel.

— Où est-il, son hôtel ?

— Rue des Minimes, proche la place Royale, au Marais.

Et il s'en alla, suivant le rempart.

L'hôtel du marquis était situé vers le milieu de la rue, sur la gauche. A la porte, Tony aperçut, collé au mur, un double de la pancarte dont le tambour avait donné lecture au cabaret du *Sergent recruteur*. Sur le seuil de la porte, se trouvait un laquais.

— Monsieur le marquis est-il chez lui ?

— Que lui voulez-vous ?

Tony fit la réflexion que le laquais serait capable de le trouver trop jeune, lui aussi, et il se souvint que l'infortuné marquis de Vilers lui avait dit :

— Je suis capitaine aux gardes-françaises.

Aussi répondit-il au laquais :

— J'ai un message pour M. le marquis de Langevin.

— De la part de qui ?

— Du marquis de Vilers.

— Donnez...

— Non, dit l'enfant, je dois le remettre au marquis en personne.

— Alors, venez avec moi...

II

LE CAPORAL TONY

Le laquais conduisit le commis à mame Toinon à travers plusieurs salles luxueusement décorées, jusqu'à un vaste cabinet de travail. Au milieu de ce cabinet Tony aperçut un homme déjà vieux, dont la moustache était grise, mais dont l'œil brillait du feu de la jeunesse.

C'était le colonel-général marquis de Langevin.

La jolie figure et l'assurance de Tony lui plurent.

— Que voulez-vous, mon jeune ami ? lui dit-il d'un ton plein d'affabilité.

— Monseigneur, répondit Tony, je voudrais être soldat.

— Vous croyez-vous donc assez fort pour cela ?

— Je serai brave.

— Quel âge avez-vous ?

— Seize ans.

— Et vous voulez servir ?
— Je veux devenir officier.
— Oh ! oh !
— Et, ajouta Tony avec un accent de mâle fierté, je vous jure que j'aurai un jour la croix de Saint-Louis.
— Peste ! fit le marquis, enchanté de l'attitude martiale de l'enfant.
— En attendant, reprit celui-ci, je serais bien content d'être sergent au plus vite.
— Et pourquoi ?
— Afin de me battre avec le sergent recruteur Pivoine qui m'a insulté.
— Bah !
— Sur l'honneur, Monseigneur.
— Quand cela ?
— Il y a une heure.

Et Tony raconta comment le sergent Pivoine avait refusé de l'enrôler.

Le marquis écouta en souriant.

— Sais-tu lire ? lui demanda-t-il.
— Lire et écrire.
— Sais-tu compter ?
— Oui, Monseigneur.

Le marquis lui tendit une plume :

— Voyons ton écriture ?

Tony traça la phrase que lui dicta le marquis. Il avait une fort belle écriture, lisible comme des caractères d'imprimerie, et de plus, chose rare en ce temps-là, il savait l'orthographe.

— Eh bien, dit le colonel, en attendant mieux, je te prends pour mon secrétaire.

Tony poussa un cri de joie.

— Ce qui, ajouta le colonel, te donne, au régiment, le grade de caporal.

— Est-ce qu'un caporal peut se battre avec un sergent ? demanda Tony.

— Non, dit le marquis.

Tony se mordit piteusement les lèvres.

— A moins, ajouta M. de Langevin, que le sergent n'y consente. Mais, du reste, quand on est caporal, il suffit d'une bataille pour devenir sergent.

— Et se battra-t-on bientôt ?

— Peut-être dans huit jours...

Tony ne put s'empêcher de se frotter les mains.

M. de Langevin ouvrit un registre d'enrôlements.

Tony reprit la plume et signa sans sourciller.

Il était garde-française !

— A nous deux, sergent Pivoine ! murmura-t-il.

Le lendemain, comme neuf heures sonnaient, le tambour battit dans la cour de la caserne des gardes-françaises !

Le sergent Pivoine se mit à passer en revue ses enrôlés de la veille.

Tout à coup il fronça le sourcil, et sa trogne

déjà rouge devint ardente. Un moment même, il crut avoir un éblouissement :

— J'ai la berlue ! se dit-il.

Pivoine se trompait ; il n'avait pas la berlue, et il avait parfaitement vu.

Ce qu'il avait vu, c'était un tout jeune homme, déjà revêtu de l'uniforme blanc et bleu, sur la manche duquel s'épanouissaient les galons de caporal.

Ce jeune homme n'était autre que Tony.

Le sergent rongea sa moustache avec fureur, et son nez passa par toutes les nuances du violet.

Cependant il se contint et procéda à l'appel.

Quand l'appel fut fini, il fit un pas vers Tony.

Mais Tony en fit deux vers lui.

— Bonjour, sergent, lui dit-il.

— Bonjour, bambin !

Tony regarda fièrement Pivoine :

— Est-ce que vous n'avez pas vu ce que j'ai sur les bras, sergent ?

— Mais si... si...

— Et cela vous étonne ?

— Un peu, petit intrigant. Comment as-tu fait pour devenir caporal d'emblée, quand il m'a fallu dix ans, à moi, Pivoine, pour obtenir ce grade ?...

— C'est le marquis de Langevin qui m'a pris pour son secrétaire.

Le sergent Pivoine plissa dédaigneusement les lèvres.

— Ah! dit-il, c'est plus facile de gagner ainsi les galons ; on n'a pas besoin d'aller au feu...

— Sergent, dit froidement l'enfant, M. le marquis de Langevin m'a promis que nous irions au feu avant huit jours.

— Ah! ah!

— Et j'espère m'y bien conduire.

Pivoine ricanait.

— Afin d'obtenir bien vite les galons de sergent.

— Par exemple ! s'écria le vieux soldat d'un ton railleur et plein de mépris tout à la fois ; tu me la bailles belle, freluquet! Toi sergent? Il faut avoir de la barbe au menton pour cela.

— Je ne sais pas si j'aurai bientôt de la barbe au menton, mais ce que je sais, c'est que, le jour où je serai votre égal, je vous planterai mon épée dans le ventre jusqu'à la garde !...

— Si tu veux en essayer, blanc-bec, exclama le sergent exaspéré, je renonce à mes galons.

— Et vous vous battrez avec moi ?

— Sur-le-champ.

Pivoine était ultrà-cramoisi.

Tony ne connaissait encore personne au régiment, mais ses galons de caporal lui servaient d'introducteurs.

Il aborda deux vieux soldats qui, l'appel terminé, s'en étaient allés fumer dans un coin de la cour, et il leur dit d'un petit air crâne et résolu qui les charma :

— Camarades, voulez-vous être mes témoins?

Les deux grognards regardèrent l'enfant avec une curiosité bienveillante :

— Avec qui voulez-vous donc vous battre? lui demanda l'un.

— Avec le sergent Pivoine.

— Oh ! oh ! C'est une forte lame, le sergent.

— Et qui a tué deux douzaines d'hommes en sa vie, ajouta l'autre.

— Je le tuerai, moi.

A ce moment, entraient dans la cour les officiers de Lavenay, de Maurevailles et de Lacy, qui venaient donner des ordres pour une prochaine revue...

III

OU L'ON N'INTERROMPT PLUS LES EXPLOITS
DE TONY

Tony avait parlé avec une assurance telle que les deux soldats consentirent à le suivre, en qualité de témoins.

Le sergent Pivoine avait également prévenu deux de ses camarades.

— Où se bat-on, ici? demanda le jeune homme.

— Oh! répondit un soldat en riant, on ne se bat pas à la caserne.

— Où donc alors?

— Ordinairement nous allons du côté de la Grange-Batelière ou sur les Porcherons.

— Allons où vous voudrez.

Les choses s'étaient passées si rapidement qu'aucun officier de service ne s'était aperçu de la provocation.

Mais, pour gagner la rue, il fallait se croiser avec les trois amis de Fraülen.

— Oh ! vois donc, dit Maurevailles à Lavenay, le petit protecteur de la marquise, qui s'est fait garde-française !

Un homme aussi expérimenté que Lavenay ne pouvait s'y tromper. Quand deux soldats, aux regards furibonds, sortent de la caserne, suivis de quatre autres, c'est toujours à un duel qu'ils courent.

— Parfaitement, dit Lavenay. Tu désirais que nous fussions débarrassés de cet ex-commis. Ce grand sergent va se charger de la besogne.

Et les trois amis se rendirent au rapport sans plus s'occuper de Tony.

Le sergent Pivoine, ivre de rage d'avoir été insulté par un enfant, sortit le premier de la cour.

Tony le suivit.

Quand on fut dans la rue, le sergent se retourna vers ses témoins.

— Allons au plus près, dit-il, derrière le rempart ; j'ai hâte de corriger ce bambin.

Et il allongea le pas outre mesure.

— Hé, sergent, lui cria Tony, vous êtes un peu trop pressé de vous en aller dans l'autre monde.

Pivoine répondit par un affreux juron et redoubla de vitesse.

La caserne des gardes-françaises se trouvant proche du Louvre, il y avait un bout de chemin à faire pour arriver derrière les remparts.

Il fallait un grand quart d'heure pour atteindre la porte Montmartre.

Puis là, comme il y avait du monde sur les remparts et qu'on jouait aux quilles et au bouchon à droite et à gauche, le sergent Pivoine, tout en maugréant, se dirigea vers les derrières de la petite maison que le maréchal de Richelieu avait fait bâtir récemment au bout du chemin des Porcherons. Là les deux adversaires trouvèrent un terrain sablonneux, entouré de quelques grands arbres et adossé au mur du jardin de la petite maison.

Le lieu était désert.

— Ventrebleu ! murmurait le sergent Pivoine en mettant bas son habit et en retroussant les manches de sa chemise, je ne veux pas tuer ce poulet, car on m'appellerait tueur d'enfants ; mais je lui planterai trois pouces de fer dans le bras et je l'égratignerai au visage d'un coup de fouet. Ce sera pour lui une leçon.

Tony pensait :

— Le sergent est très fort, dit-on, et je ne sais pas tirer ; mais Dieu est juste, et comme la marquise de Vilers n'a plus d'autre protecteur que moi, il ne permettra point que cet ivrogne me tue.

— Allons ! allons ! *mademoiselle*, hurlait Pivoine de plus en plus colère, voulez-vous donc que nous chantions la messe avant d'en découdre ?

— Monsieur, répondit Tony, vous avez une fort vilaine voix, et je vais tâcher de la modifier.

Tony tira son épée et tomba en garde.

Il était superbe d'attitude et de résolution.

Les témoins, qui d'abord avaient secoué la tête, commencèrent à s'étonner ; puis l'un dit à l'autre :

— Qui sait ? le sergent pourrait bien recevoir une leçon.

Tony se tint d'abord sur la défensive. Le sergent Pivoine fondit sur lui et lui porta un terrible coup droit qu'il esquiva.

Puis il riposta et toucha le sergent Pivoine à l'épaule.

Le vieux soldat poussa un cri de rage.

— Je voulais t'épargner ; mais tant pis pour toi, dit-il.

Et il se mit à presser Tony, qui commençait à rompre pas à pas.

— Ah ! drôle ! ah ! petit misérable, la peur te prend, tu lâches pied ! hurlait le sergent.

Et soudain il se fendit.

Les témoins de Tony fermèrent les yeux. Ils crurent que le pauvre enfant était mort. Mais il avait fait un bond de côté !

L'épée du sergent fila dans le vide, et Tony, revenant à la riposte, lui enfonça la sienne dans la gorge.

— Vous aviez une vilaine voix, dit-il simplement.

Le sergent tomba comme une masse, en vomissant un flot de sang.

Vous eussiez dit Goliath tué par David.

On releva le pauvre Pivoine et on le transporta en toute hâte dans le cabaret le plus voisin.

Tony, qui, au fond, avait un excellent cœur, oublia sa colère en présence de son ennemi vaincu, et lui prodigua des soins.

On envoya chercher un chirurgien.

Le chirurgien sonda la blessure et déclara qu'elle n'était point mortelle, mais que peut-être le sergent en conserverait une extinction de voix.

Transporter le blessé, le coucher, faire venir le chirurgien et assister au premier pansement, tout cela avait pris environ une heure.

Les deux soldats qui avaient servi de seconds à Tony ne l'avaient point quitté.

L'un était un Gascon surnommé La Rose, l'habitude aux gardes-françaises étant d'avoir toujours un sobriquet ; c'était un homme de quarante ans, hâbleur mais brave, vantard mais incapable de mentir pour une chose sérieuse.

L'autre était un gros Normand taciturne, qui se battait fort bien, buvait sec, jouait sa solde un mois d'avance aux quilles ou au bouchon, et s'était pris d'une belle amitié pour le Gascon La Rose.

Le Normand et le Gascon s'étaient liés, en raison même des oppositions flagrantes qui existaient entre eux ; l'un était sobre de paroles, même dans le vin, l'autre buvait pur et parlait beaucoup.

Le Normand s'était fait le Pylade de ce moderne Oreste, et comme il lui reconnaissait une grande supériorité d'esprit, il avait coutume de ne faire et de ne dire que ce que lui conseillait le Gascon.

Tels étaient les deux hommes qui venaient d'assister Tony en qualité de témoins.

— Voilà, sandis ! un beau coup, mon garçon, dit La Rose en passant familièrement son bras sous celui de Tony, lorsqu'ils sortirent du cabaret, laissant le sergent Pivoine aux mains de son chirurgien et de ses deux témoins.

— Un beau coup ! répéta le Normand avec son accent traînard des bords de la Manche.

Le Normand — on ne lui connaissait pas d'autre nom au régiment — s'était fait l'écho fidèle du Gascon.

Il répétait mot pour mot ce que le Gascon disait.

— Et qui vous fera honneur, mon jeune ami, poursuivit La Rose ; on en parlera à la caserne.

— Oh ! oui ! dit le Normand, on en parlera.

— Cornes de bœuf ! reprit La Rose, tandis qu'ils arpentaient le chemin qui longeait le rempart, on ne pouvait décemment demander un verre de vin dans ce cabaret où nous avons transporté Pivoine ; il faut avoir du respect pour l'infortune.

— Oh ! oui, fit le Normand.

— Mais ça n'empêche pas que nous avons soif, très soif.

— Très soif ! répéta le Normand.

— Et si vous m'en croyez, mon jeune coq,

continua La Rose, nous irons nous désaltérer.

— Mais, camarades, dit Tony, avec beaucoup de plaisir, et vous me permettrez de *régaler*.

La Rose prit une attitude pleine de protection :

— Soit, mon jeune ami, on vous le permet.

— Où irons-nous ? demanda Tony.

— Je connais un bon endroit.

— Ah ! vraiment ?

— A deux pas d'ici.

— Serait-ce le cabaret du *Sergent recruteur ?*

— Fi ! dit La Rose, c'est une abominable guinguette.

— Pouah ! dit le Normand, l'écho éternel des sentiments manifestés par son ami.

— C'est le cabaret de la *Citrouille,* mon homme, — reprit La Rose d'un ton solennel, — tenu par madame Nicolo et sa fille Bavette.

— Les singuliers noms ! dit Tony.

— Pour celui de Nicolo, je ne puis vous dire d'où il vient; mais quant au joli nom de Bavette....

— Vous le savez ?

— Parbleu ! c'est moi qui vous parle, moi La Rose, qui suis son parrain, à cette petite.

— Ah ! vous êtes son parrain.

— C'est toute son histoire que je vais vous raconter, poursuivit le garde-française, une drôle d'histoire, allez !

— Très drôle ! grommela le Normand.

Tony avait une pistole dans sa poche; en outre,

il avait hâte de faire son noviciat, c'est-à-dire de passer, de nouveau qu'il était, à l'état d'ancien et il pensait que le meilleur moyen pour cela était de se faire des amis le plus promptement possible.

Or, la leçon qu'il venait de donner au sergent Pivoine lui avait déjà valu l'estime de La Rose et du Normand, il pensa que leur amitié lui serait bientôt acquise s'il leur payait à boire et écoutait complaisamment leur histoire.

— Est-ce loin ? demanda-t-il.

— Non, à deux pas d'ici. J'ai le temps de vous dire mon histoire.

— J'écoute avec bien du plaisir, murmura Tony, qui était plein de courtoisie.

— Il y a bien quinze ans de cela, mon jeune ami, dit alors le sergent La Rose, vu que Bavette a quatorze ans révolus ; j'avais vingt-cinq ans, attendu que j'en ai quarante aujourd'hui ;

— Vous ne les portez pas, observa Tony, qui tournait à la flatterie.

La Rose frisa sa moustache d'un air vainqueur.

— Je suis bien conservé, dit-il.

Le Normand eut pour son ami un regard et un sourire pleins d'admiration.

— Mais revenons à mon histoire, reprit La Rose, j'avais donc vingt-cinq ans. Nous faisions la guerre en Flandre et notre cantinière n'était autre que maman Nicolo, chez qui je vous conduis.

— Ah ! ah !

— Maman Nicolo était une belle femme qui était veuve d'un tambour, lequel avait été tué dans une tranchée, à je ne sais plus quel siège. Les mauvaises langues disaient qu'elle avait trente ans sonnés ; mais, à y regarder de bien près, elle était, ma foi ! très belle, et il n'y avait pas un homme au régiment qui n'en fût amoureux, à commencer par moi...

La Rose soupira... puis ajouta :

— Et à finir par cette brute que vous voyez-là.

Le garde-française accompagna ces mots d'un coup de poing qu'il appliqua au Normand entre les deux épaules.

Le Normand soupira à son tour, non à cause du coup de poing, mais en souvenir des charmes probablement défunts de maman Nicolo.

Le Gascon La Rose reprit :

— Maman Nicolo était donc une belle femme dont nous étions tous amoureux, et tous sans aucun succès.

— Pas possible ! dit Tony.

— Elle était sage et n'écoutait personne. « Je pleure encore mon mari », disait-elle... Et elle nous riait au nez... Cependant, un jour, il arriva au régiment un jeune cornette qui était beau comme les amours.

— Bon ! observa Tony, qu'est-ce que cela pouvait faire à un homme comme vous ?

— Attendez ! ce cornette était un gentilhomme, comme bien vous pensez.

Il avait seize ou dix-huit ans, et il ressemblait à une fille habillée en garçon. Quand il arriva, nous faisions le siège d'une petite ville de Flandre, et nous étions campés en rase campagne. En sa qualité de cantinière, maman Nicolo avait une belle tente, bien vaste ; et, comme c'était en hiver, on s'y réunissait tous les soirs, on y buvait à l'entour d'un bon feu allumé au milieu.

— Je gage, dit Tony, que le cornette y vint.

— Justement.

— Et il s'éprit de la cantinière ?

— Non, ce fut la cantinière qui s'éprit de lui.

— Trois jours après son arrivée au camp, poursuivit La Rose, le cornette reçut une balle dans l'épaule qui le coucha tout de son long dans la tranchée.

— Comment ! il fut tué ? exclama Tony que son récent duel intéressait au sort du cornette.

— Non, la blessure n'avait rien de grave ; mais on le transporta dans la tente de la cantinière.

— Je devine...

— Maman Nicolo le soigna comme si elle eût été infirmière de son état, et trois semaines après le cornette était sur pied. Mais, à partir de ce moment-là aussi, maman Nicolo, qui riait toujours pour faire voir ses belles dents, devint mélancolique et soucieuse. Elle prétendait qu'elle était malade et congédia ses pratiques dès neuf heures du soir. Cela les intriguait beaucoup, mais aucune n'en savait le vrai mot. Le cornette était discret, et personne au régiment ne se doutait de la chose.

— Il faut pourtant que je sache, me dis-je un jour, pourquoi maman Nicolo est ainsi changée !

Alors, comme je n'avais rien à faire, je me mis à rôder toute la nuit dans les environs de la cantine. A minuit, une ombre se glissa sous la tente de maman Nicolo. C'était un homme enveloppé d'un manteau.

Le manteau lui cachait le visage, et la nuit était noire.

— Bon ! me dis-je, je n'ai pu le voir à présent, je le verrai quand il sortira...

J'attendis toute la nuit.

— Diable ! dit Tony, la visite avait été longue.

— Au petit jour, reprit La Rose, mon inconnu de la nuit, sortant avec précaution de la tente de maman Nicolo, se trouva face à face avec moi. C'était le cornette. C'était le marquis de Vilers...

— Le marquis de Vilers ! exclama Tony.

— Oui. Vous le connaissez ? C'est lui le vrai père de Bavette.

— Ah ! mon Dieu !... murmura le jeune homme interdit, il y a des hasards étranges dans la vie !...

IV

LES PREMIÈRES AMOURS DU MARQUIS DE VILERS

Pendant quelques secondes, le Gascon La Rose contempla Tony, dont la physionomie exprimait la plus vive surprise.

— Ah ça, voyons, dit-il enfin, qu'est-ce qu'il y a d'étrange à ce que le marquis de Vilers, que Dieu conserve !...

Tony fit un mouvement.

— Quel drôle d'effet vous produit ce nom ! exclama La Rose.

— Continuez, dit Tony.

— Je disais donc : Que trouvez-vous d'étrange à ce que M. le marquis de Vilers ait été cornette aux gardes-françaises ? A ce qu'il soit le père de Bavette ?

— Rien encore.

— Alors, expliquez-vous.

— Quand vous aurez fini.

— C'est drôle tout de même ! dit La Rose. Est-ce

parce que je vous ai vu l'épée à la main ? Je fais ce que vous voulez.

Et le Gascon reprit :

— En reconnaissant M. de Vilers : « Hé, hé ! mon officier, lui dis-je, il paraît que vous savez payer les soins qu'on a pour vous. » Il rougit jusqu'au blanc des yeux, ni plus ni moins qu'une jeune fille.

— Es-tu discret ? me demanda-t-il.

— Dame ! si vous y tenez.

— Énormément, me dit-il. Mon oncle le chevalier, qui est capitaine de ma compagnie, ne me pardonnerait jamais s'il savait que j'aime une cantinière.

— Eh bien, mon officier, lui dis-je, foi de La Rose, vous n'avez rien à craindre.

— Et vous avez tenu votre parole ? demanda Tony.

— Naturellement. Un beau matin, il y eut grande rumeur au quartier. Maman Nicolo avait perdu sa taille fine.

— Ah ! diable...

— Afin d'être plus sûr de mon silence, continua La Rose, M. de Vilers m'avait pris à son service. Je brossais ses habits. Je pansais son cheval. Un matin il me dit : « La cantinière va devenir mère. Il faut que tu sois le père adoptif de l'enfant. Tu veilleras à son éducation et je donnerai secrètement l'argent nécessaire. » Le rôle me convenait, je l'acceptai. Bientôt, dans le régiment, comme j'allais souvent à la cantine, on prétendit que c'était moi, et non le marquis de Vilers, que maman Nicolo avait favorisé. Elle accoucha. Je manœuvrai si bien que tout le monde me félicita.

Tony se prit à rire.

— Le nouveau-né était une petite fille qui ouvrit un œil dès la première heure, et les deux à la fin de la journée. Une fois que le camp tout entier fut bien convaincu que j'étais le père, je fis le modeste, je niai. Je prétendis que le meilleu moyen de me justifier était de tenir l'enfant sur les fonts baptismaux. Il n'y eut pas un fifre, ni un tambour qui en crût un mot ; on m'appela *père et parrain*, mais, ajouta La Rose en riant, il fallait bien faire quelque chose pour la réputation de maman Nicolo.

— Et vous fûtes parrain ?

— Naturellement. L'aumônier, avant d'ondoyer l'enfant, me demanda comment il fallait l'appeler.

— Bavette, répondis-je.

— Comment, *Bavette ?* dit l'aumônier, ce n'est pas un nom du calendrier.

— Non, mais c'est un bon nom tout de même, répondis-je.

— Pourquoi ?

— Je suis de la Gascogne et, dans mon pays, on n'estime que deux choses, le bras et la langue. Le bras tient l'épée, la langue sert utilement et vaut souvent mieux que le bras. Or, voyez-vous, poursuivis-je, une femme, même quand elle est cantinière comme l'accouchée, ne se sert pas d'une épée, mais elle peut faire faire un rude service à sa langue.

L'aumônier me regardait et ne savait pas où je voulais en venir.

— En Gascogne, continuai-je, quand un homme jase bien et avec esprit, on dit de lui : *Il sait tailler une bavette.* C'est une manière de parler. Donc, si j'appelle la petite Bavette, en vertu du proverbe qui dit que nom oblige, la petite aura une bonne langue dont elle se servira gentiment. Ça lui portera bonheur.

— Mais tout cela est absurde ! s'écria l'aumônier.

— C'est possible, mais je donne ma démission de parrain si...

— Entêté ! murmura le brave homme.

Et il imposa les mains sur l'enfant et dit, en s'efforçant de garder son sérieux : Je te baptise, Bavette...

— *Et cœtera*, dit Tony. Est-ce là toute votre histoire ?

Cette simple question rendit le soldat tout pensif.

— Oui, dit-il, mais depuis longtemps je n'ai vu mon pauvre capitaine, — car le cornette était devenu capitaine, — et voici quatre ans qu'il a quitté le régiment.

— Je sais cela, dit Tony.

— Vous savez cela ? C'est vrai, alors ? Vous le connaissez ? fit le soldat ému.. Vous pourriez me donner de ses nouvelles ?

Le Gascon avait dans la voix une angoisse indicible.

— Oui, je l'ai connu, balbutia Tony non moins ému. Mais, dites-moi, vous aimiez donc beaucoup votre capitaine ?

— Je me ferais hacher pour lui.

— Et si... il lui arrivait... malheur ?

— Oh ! fit La Rose, qui porta la main à la garde de son épée, on compterait avec moi !

Alors Tony, l'enfant de seize ans, le bambin que Pivoine avait appelé *mademoiselle*, ce courtaud de boutique de la veille, devenu soldat en quelques heures, Tony se redressa, hautain et grave ; Tony eut la dignité d'un homme.

— Camarade, dit-il, le marquis de Vilers est mort.

— Mort ! exclama La Rose, qui recula frappé de stupeur.

— Mort, il n'y a pas quatre jours, acheva Tony, et tout à l'heure encore je ne lui connaissais qu'un vengeur, c'était moi. Maintenant...

— Oh ! maintenant ! exclama La Rose, pâle comme la mort, maintenant il en a deux !...

— Il en a trois, dit le Normand, qui depuis une heure gardait un silence respectueux.

— Mais, reprit La Rose, dont les yeux s'étaient remplis de larmes, comment est-il mort ?

— Il a été tué.

— Par qui ?

— Chut ! dit Tony, il y a des noms qu'il ne faut pas prononcer en plein air. On vous dira peut-être un jour qu'il a été tué en duel. Ce n'est pas vrai. Il est mort frappé par une association composée de trois hommes qui devaient le provoquer tour à tour jusqu'à sa mort. Vous voyez bien que c'était vraiment un assassinat.

— On les tuera ! dit La Rose à qui revint sa suffisance gasconne.

En ce moment, Tony et ses deux compagnons qui, tout en causant, avaient continué à marcher, se trouvaient à la porte du cabaret de maman Nicolo.

— Ah ! moi, dit La Rose, je n'ai plus soif !

— Ni moi, dit le Normand.

— Ni moi ! ajouta Tony. Mais entrons cependant.

— Pourquoi ?

— Je veux voir sa fille, et puis... on cause mieux à l'écart. Nous prendrons un salon.

Ils entrèrent.

— C'est bizarre, dit La Rose, je ne vois ni maman Nicolo ni Bavette.

Le cabaret était désert.

Un garçon cabaretier qui trônait au comptoir reconnut le soldat La Rose, et, accourant, son bonnet à la main, témoigna, par son attitude, du respect qu'on avait dans l'établissement pour le parrain de Bavette.

— La patronne et mam'zelle sont dans Paris, dit-il, mais elles ne peuvent pas tarder à rentrer. Elles sont sorties depuis le matin. Qu'est-ce qu'il faut vous servir, monsieur La Rose ?

— Rien, dit le soldat d'un ton bourru.

Et il alla s'asseoir dans un petit cabinet attenant à la première salle. Tony et le Normand le suivirent. Alors le jeune garde-française se penchant vers les deux vieux soldats :

— Est-ce que les lois militaires ne punissent pas de mort le soldat qui tue son officier ? demanda-t-il.

— Oui, certes.

— Vous voyez, murmura l'enfant; ce que vous comptiez faire est impossible.

— Pourquoi ?

— Parce que les meurtriers du marquis de Vilers...

— Eh bien ?

— Sont des officiers de notre régiment, camarades.

Les deux soldats frissonnèrent. Tony continua :

— Ils se nomment Gaston de Lavenay, Albert de Maurevailles et Marc de Lacy !

— Diable ! fit La Rose, ce sont nos chefs...

— Nos chefs, répéta le Normand.

— Les miens aussi, depuis ce matin, reprit le jeune garde-française. Mais est-ce en qualité de chefs qu'ils ont tué votre brave capitaine, le père de votre petite Bavette, et qu'ils sont ou veulent être les bourreaux de sa veuve ? Lorsque, sous les armes, ils nous commanderont, obéissons en soldats. Seulement il y a des heures où chefs et soldats ne sont plus, les uns vis-à-vis des autres, que des hommes. Alors souvenons-nous. Ils sont trois ; combien serons-nous ?

— Je l'ai dit, nous serons trois, s'écria La Rose en saisissant à la fois la main de Tony et celle du Normand.

— Oui, nous serons trois, répéta celui-ci.

Et longtemps encore, les futurs vengeurs du marquis de Vilers parlèrent du malheureux capitaine déposé si jeune dans le caveau de sa famille par son seul domestique et un jeune homme qu'il ne connaissait pas une heure avant de mourir. Ils s'entretinrent aussi et de la pauvre marquise aujourd'hui disparue et de Bavette l'orpheline.

— Cette mâtine-là ne rentrera donc pas ! murmurait à fréquentes reprises La Rose.

— Elle ne rentrera pas ! répétait le Normand.

A la fin pourtant la porte s'ouvrit devant maman Nicolo. La cantinière avait dû être fort belle et conservait des restes très présentables ; mais il y avait à ses côtés une jeune fille qui attira sur-le-champ les regards de Tony. C'était Bavette.

Bavette était si belle, que l'ancien commis

10.

de mame Toinon fut soudain ravi d'admiration autant que de surprise.

— Comme elle ressemble à son père ! murmura-t-il à l'oreille de La Rose.

— Et comme je l'aimerai ! se dit-il à lui-même.

Cependant La Rose et le Normand fronçaient les sourcils. Maman Nicolo et Bavette ne leur semblaient pas avoir leur figure de tous les jours.

— Ah ! qu'est-ce qu'il y a donc? demanda le Gascon.

— Mon brave, ça nous regarde, fit d'un ton bourru maman Nicolo.

— Maman Nicolo, je ne sais pas d'où vient votre nom, mais je saurai d'où vous venez.

— Jamais !

— Un mystère?

— Et un solide !

V

L'ULTIMATUM

Laissons le Gascon et le Normand essayer de faire parler maman Nicolo. Ils n'y parviendront pas.

Et même il faut que le secret de la cantinière soit bien grave pour qu'elle soit aussi discrète avec ses deux vieux amis. En vain ils lui promettent de lui livrer en échange du sien celui que leur a révélé Tony. En vain ils tentent d'arracher à Bavette une indiscrétion. En dépit de son nom, celle-ci est muette et maman Nicolo se contente de crier... sans parler.

Plutôt que d'assister à cette vaine querelle, suivons le carrosse qui emporte madame de Vilers et le magnat.

Quelque diligence que pût faire le Hongrois et bien que, de poste en poste, il eût envoyé en avant un courrier, chargé de faire préparer les relais, le carrosse n'allait pas vite.

Avec les horribles chemins que possédait la France à cette époque, il était bien difficile de faire plus de quinze à vingt lieues par jour.

Or, le magnat, qui craignait d'être poursuivi, prenait à chaque relai une direction fausse, pour dépister ses ennemis.

Aussi le voyage se prolongeait-il, voyage odieux, épouvantable pour la marquise.

Elle se retrouvait séparée de celui qu'elle aimait, en tête-à-tête avec cet homme redouté qu'elle n'avait pas vu depuis quatre ans, qu'elle avait autrefois considéré comme un père et qu'elle avait fui parce qu'elle avait deviné que ce n'était plus l'amour d'un père qu'il ressentait pour elle...

Comprenant qu'auprès de ce vieillard fou de passion, son honneur n'était plus en sûreté, elle s'était confiée au loyal gentilhomme vers lequel l'avait entraînée son cœur, au marquis de Vilers. Elle avait fui le magnat, espérant n jamais plus être en face de lui.

Et elle était là, en son pouvoir, sachant à peine où il allait la conduire, ignorant ce qu'il allait faire d'elle...

On se demandera pourquoi la jeune femme avait ainsi quitté son hôtel, où elle était en sûreté, pour suivre le magnat qu'elle abhorrait.

Était-ce par crainte du scandale ?

Non. Qu'eût pu faire le magnat contre sa réputation ? N'était-elle pas l'épouse légitime et respectée du marquis de Vilers ?

Ce n'était pas non plus par reconnaissance pour les soins qu'enfant elle avait reçus du vieux comte. madame de Vilers savait trop bien maintenant à quoi s'en tenir sur le but intéressé qui avait dicté ces soins.

Si elle l'avait suivi, c'était uniquement par peur, non pour elle, mais pour son mari.

Ce qui s'était passé lui avait en effet paru étrange.

Le marquis était sorti pour quelques heures, afin de choisir les costumes que lui et sa femme devaient porter au bal de l'Opéra.

Puis à sa place était arrivé un commissionnaire et M. de Vilers avait fait dire que, appelé à Versailles par une affaire inattendue et pressante, il était contraint de renoncer au plaisir de l'accompagner.

Selon le désir de son mari, qui promettait d'ailleurs de la rejoindre à ce bal, elle y était allée malgré tout.

Là, elle avait rencontré l'un de ces officiers dont elle se rappelait à peine le visage, l'un de ces Hommes Rouges qu'elle avait vus à Fraülen à côté de celui qui devait être son mari, le soir où celui-ci lui demanda de les aider dans l'accomplissement d'un pari...

Cet homme l'avait insultée...

Et soudain un enfant, qu'elle ne connaissait pas, mais qui, lui, semblait parfaitement la connaître, était venu la défendre...

Ce défenseur, dans les quelques mots qu'ils avaient pu échanger ensemble, lui avait parlé d'un danger...

Tout d'abord, elle avait supposé qu'elle devait craindre les Hommes Rouges... Mais quand elle aperçut le magnat, elle pensa :

— Voilà le danger dont m'a parlé mon jeune défenseur.

Et elle avait mesuré les conséquences que pouvait avoir pour M. de Vilers le retour du magnat.

Elle connaissait l'horrible passion du vieillard pour elle.

Elle savait que cet homme n'avait reculé devant rien, pas même devant le crime, pour éloigner d'elle ceux qui auraient pu être ses rivaux.

Elle n'avait pas oublié le malheureux jeune homme qui avait voulu faire le siège du château du Danube et qu'on avait trouvé dans les fossés frappé en plein front par la balle du magnat.

Aussi trembla-t-elle pour son mari.

Elle se dit que le comte Mingréli devait avoir entouré d'embûches le marquis, avoir mis à ses trousses une armée de spadassins ou de bandits aux attaques desquels celui-ci ne pourrait échapper.

Aussi quand, reprenant pour un instant son rôle de père, le magnat lui avait dit :

— Venez !

Elle s'était levée, désolée, brisée de douleur, mais espérant, par un commencement de soumission, détourner de la poitrine de celui qu'elle aimait le poignard des assassins.

Et lorsque le comte, lui désignant la voiture, lui avait annoncé qu'ils allaient partir pour un long voyage, elle avait pensé :

— Je serai longtemps sans voir mon mari adoré. Il m'accusera, il me maudira peut-être, mais il vivra ! ! !

Et elle était montée en voiture...

Ainsi que l'avaient supposé les Hommes Rouges, le magnat n'était point parti sans s'arrêter à l'hôtel où il était descendu.

Il avait eu des bagages, des provisions à prendre, des ordres à donner à son homme de confiance, un trakan, vieux cavalier hongrois, qui le servait depuis vingt ans et qui devait partir à cheval derrière lui, pour l'aider à garder la marquise. En même temps, loyal à sa manière, le magnat envoyait à M. de Lavenay le prix de son carrosse.

Or, quelque surveillée que fût la jeune femme, elle trouva moyen d'échapper une minute à l'attention de ses gardiens, et cette minute lui suffit pour écrire un mot à son mari.

Elle avait glissé ce mot dans la main d'un enfant qui aidait à charger les bagages et dont la figure intelligente lui inspirait confiance.

Nous avons vu ce gamin remplir consciencieusement sa mission.

Il nous reste maintenant à expliquer comment

le magnat avait eu connaissance de l'enlèvement projeté par les Hommes Rouges.

Arrivé à Paris depuis quelques jours seulement, le Hongrois avait établi ses batteries du côté de l'hôtel de Vilers, cherchant une occasion favorable pour enlever la jeune femme, pour laquelle il éprouvait cet amour sénile, qui est le plus effréné de tous les amours.

Apprenant que madame de Vilers venait de partir sans son mari pour le bal de l'Opéra, ce qu'indiquaient assez son costume et son masque, il avait jugé l'occasion favorable.

Mais il était arrivé trop tard. Les Hommes Rouges avaient déjà rencontré la marquise.

Du premier coup d'œil, il les reconnut.

Il les avait remarqués à Fraülen, causant avec la jeune comtesse et fort empressés auprès d'elle... Cela avait suffi pour que leur visage se gravât dans sa mémoire.

Se doutant à juste raison qu'ils parleraient d'elle, il les avait suivis et écoutés.

Il apprit ainsi que, le lendemain, une voiture serait prête et les attendrait pendant que l'un de leurs laquais les introduirait dans l'hôtel.

Il se promit de profiter de leurs préparatifs.

Or, il était en train de jouir de son succès.

. . . .

Le voyage continuait, toujours triste, lamentable.

Il paraissait mortellement long à la jeune

femme, ce tête-à-tête avec un ravisseur abhorré !

Et cependant elle en redoutait la fin...

Tant qu'ils voyageraient à travers les routes, elle n'aurait rien de bien grave à craindre de la part du magnat.

Mais, le voyage terminé, une fois qu'elle serait tout à fait seule avec lui et en son pouvoir, dans un château perdu au milieu des forêts !...

Les témoignages d'affection, les tentatives que faisait le comte pour la sortir de la mélancolique torpeur dans laquelle elle était plongée, ne faisaient que redoubler sa terreur.

Plus elle allait, plus grandissait son horreur pour cet homme.

La quatrième nuit enfin, après mille angoisses, madame de Vilers vit se dresser dans l'ombre, au bout d'une longue allée de chênes, le château de Blérancourt.

Une autre voiture y serait venue en deux journées, mais nous avons parlé des innombrables détours faits par le magnat, qui tenait à ce que personne ne lui ravît sa proie.

A la vue de ce château qu'il lui avait souvent dépeint comme un nid d'amoureux, madame de Vilers se sentit défaillir.

Quel sort l'y attendait ? Une seule chose la consolait ; elle avait écrit à son mari !

Le carrosse arriva en face du pont-levis, dont la herse s'abaissa avec un grincement lugubre.

Le carrosse entré, les chaînes rouillées crièrent

de nouveau sur les poulies; la herse se relevait!
La marquise était prisonnière.

Une fois dans la grande cour, le magnat offrit la main à la jeune femme et l'aida à descendre de voiture.

Puis il lui montra les appartements qu'il lui destinait et la laissa seule un instant pour qu'elle réparât le désordre occasionné dans sa toilette par un si long voyage.

Deux jeunes femmes entrèrent, se tinrent debout devant madame de Vilers et parurent attendre ses ordres.

A tout hasard, espérant trouver un peu de sympathie chez des personnes de son sexe, la jeune femme demanda :

— Au nom du ciel, où suis-je et que veut-on faire de moi ?

L'une des femmes secoua la tête. L'autre mit un doigt sur sa bouche avec un sourire mélancolique. Elles étaient muettes.

Elles firent signe que le lit était préparé, mais madame de Vilers les congédia du geste.

Quelque fatiguée qu'elle fût par le voyage, elle n'osait se coucher, craignant une surprise.

Elle se reposa dans un fauteuil.

Deux heures après, l'une des femmes revint avec un homme qui apportait une table toute servie.

La marquise voulut lui adresser la parole.

Comme les autres, il fit signe qu'il ne pouvait répondre.

Tout le service du château était fait par des muets, — créatures du vieux comte, amenées par lui d'Allemagne, et paraissant avoir pour lui un dévouement à toute épreuve...

Madame de Vilers refusa le dîner comme elle avait refusé le lit.

Quelques instants plus tard, le magnat entrait chez elle.

— Haydée, lui dit-il, car, pour moi, vous n'avez que ce seul nom, réfléchissez bien à ce que je vais vous dire...

Vous êtes en mon pouvoir, bien en mon pouvoir. Chercher à m'échapper serait inutile...

Mais vous aimez la France, vous tenez à y rester. Eh bien, consentez à être à moi et vous ne la quitterez pas. Je m'arrangerai de façon à ce que tout le monde continue à me croire votre père. Pour vous seule, j'aurai un autre titre à votre affection.

Si vous refusez, nous partirons de nouveau et je vous emmènerai sur les bords du Danube, dans ce château où vous avez été élevée. J'ai assez de pouvoir pour faire casser votre mariage et, bon gré, mal gré, vous deviendrez ma femme. Vous avez dix jours pour réfléchir. Dans dix jours à pareille heure, je vous demanderai la réponse.

. . . .

VI

LE REFRAIN DE PIVOINE

A Paris, le tambour battait aux champs. Le peuple était en rumeur.

Louis, quinzième du nom, après une trêve assez longue, était décidé à recommencer la guerre dans les Flandres.

Le régiment des gardes-françaises, ce beau régiment composé de huit mille hommes et dont le roi avait coutume de dire, sans trop grande flatterie d'ailleurs : « C'est le plus pur de mon sang, » partait, le matin même, pour entrer en campagne.

Aussi les rues de Paris étaient-elles encombrées comme en un jour de fête.

Les maisons se pavoisaient de drapeaux, — de drapeaux tricolores, ma foi ! car l'étendard des gardes-françaises était alors composé de trois couleurs ; — les croisées se garnissaient de têtes curieuses sur le parcours que devait suivre le régiment. Ça et là, sur les portes des maisons, on voyait des cartels, des écussons, des emblèmes...

— Vive la France ! vivent les gardes-françaises ! criait-on de chaque fenêtre.

— Vivent les gardes-françaises ! répétait la foule enthousiaste qui adorait ce blanc uniforme aux parements bleus, resté le plus populaire de tous les uniformes disparus.

Neuf heures sonnaient à toutes les horloges qui allaient bien.

Louis XV avait quitté Versailles pour venir à Paris. Il avait couché aux Tuileries ; il avait consenti à passer une journée tout entière sur les bords de la Seine, à seule fin de voir partir et de saluer le beau, le magnifique régiment.

Le départ était pour dix heures ; il n'en était que neuf et déjà la circulation devenait impossible à travers Paris. Le marquis de Langevin, ce vieux soldat perclus de goutte et de rhumatismes, avait retrouvé, pour ce jour-là, son humeur de vingt ans et sa vigueur de trente.

A le voir monter avec élégance un cheval de race et caracoler dans la cour de la caserne, sur le front de ses troupes déjà rangées en bataille, on eût dit un jeune homme, on eût juré qu'il n'avait pas atteint la quarantième année.

Tout à coup, un adolescent qui portait sur la manche gauche les galons de caporal sortit des rangs, fit le salut militaire et s'approcha du colonel-général, c'est-à-dire du marquis de Langevin.

— Colonel, dit-il, voulez-vous m'accorder une permission de trois quarts d'heure ?

Le marquis regarda le jeune homme :

— Comment ! dit-il, c'est toi, Tony !

— C'est moi, mon colonel.

— Et pourquoi veux-tu une permission ?

— Pour aller embrasser la femme qui m'a recueilli le jour où je mourais de froid et de faim, qui m'a élevé en me servant de mère et que mon départ désole.

— Va, dit simplement le marquis.

Et comme Tony faisait un pas, le chef ajouta:

— Mais, prends garde, on part dans une heure.

— Je rejoindrai le régiment à la porte Montmartre.

— C'est bien, dit le colonel, qui, depuis huit jours que le jeune homme lui servait de secrétaire, était déjà sûr de pouvoir compter sur lui.

Tony sortit de la caserne et s'en alla.

Il marcha par les rues, d'un pas rapide, jusqu'à la rue des Jeux-Neufs. Là, il éprouva un moment de violente émotion et s'arrêta.

Comme les autres rues, la rue des Jeux-Neufs était pavoisée. Il vit force gens aux fenêtres, force gens au seuil des portes.

Une seule maison était fermée, — celle de la pauvre mame Toinon.

Du plus loin qu'on aperçut Tony, ce fut un hourra d'admiration.

Il y avait si peu de temps que le jeune soldat était encore commis et voyait arriver, dans la boutique de sa patronne, le malheureux marquis de Vilers...

Et déjà, quel changement !

Tony n'était plus l'enfant timide qu'un regard de sa patronne déconcertait, que les gens du quartier appelaient *une jolie fille*.

Tony était devenu un fier jeune homme ; il avait la tête haute, le geste cavalier ; il était charmant en son uniforme de garde-française.

— Voilà Tony, voilà Tony ! murmura-t-on en le voyant apparaître.

— Bonjour, Tony, dirent les vieillards.

— Bonjour, monsieur Tony, firent les jeunes filles en rougissant.

Il rendit tous les saluts ; mais il s'en alla droit à la porte fermée de mame Toinon et frappa.

La porte s'ouvrit.

Mame Toinon, tout en larmes, aperçut Tony, jeta un cri de joie et lui passa les deux bras autour du cou.

— Ah ! tu es bon, mon enfant, dit-elle, tu es bon et généreux de n'être point parti sans venir me voir...

Et la pauvre femme, dont le cœur débordait à cette heure, se prit à couvrir son fils adoptif de tendres caresses.

— Ah ! patronne, ah ! ma mère, murmurait Tony, qui sentait son cœur se briser, je ne suis point un ingrat, allez ! je ne vous oublierai pas... et puis je reviendrai un beau jour avec un grade... Je serai officier... Et alors je dirai avec orgueil que vous m'avez servi de mère...

Chacune des paroles de Tony entrait au cœur de mame Toinon comme un coup de poignard.

Tony se méprenait encore sur l'affection de sa mère adoptive comme elle s'était longtemps méprise elle-même.

La pauvre femme ouvrit un bahut, en retira une médaille d'or et la passa au cou du jeune homme :

— Ceci, dit-elle, te portera bonheur ; c'est une médaille bénite.

Puis elle prit un sac de cuir qui était serré dans un des coins du bahut.

Ce sac renfermait trente pistoles, fruit des épargnes de la costumière.

— Tiens, mon enfant, ajouta-t-elle, prends encore cela...

Il voulut refuser, mais elle lui ferma la bouche d'un mot :

— N'es-tu pas mon fils ? dit-elle. Et maintenant, enfant, pars ! car j'entends, hélas ! retentir les fanfares du régiment... Pars, et reviens-moi bel officier...

La pauvre femme craignait que son émotion ne la trahît ! . . .

Dix minutes après, Tony avait rejoint son régiment, qui sortait de Paris, tambour et fanfare en tête, passant entre une double haie de peuple enthousiaste.

Une femme fendit la foule, elle arriva jusqu'au premier rang, agitant son mouchoir et attachant un œil avide sur chaque peloton qui défilait.

Puis enfin, lorsque sur le flanc de l'un de ces pelotons elle eut aperçu le beau caporal Tony, elle lui fit un dernier adieu de la main, étouffa un cri de douleur suprême et murmura :

— O mon Dieu, si vous saviez comme je l'aimais !

. . . .

Tony était déjà loin, et les gardes-françaises, le fusil sur l'épaule gauche, s'en allaient en chantant, au bruit des tambours, ce refrain du sergent recruteur Pivoine :

> On fait l'amour
> Tout le jour,
> Dans les gardes-françaises.
> On fait l'amour, sur ma foi,
> Dans les gardes du roi !

. . . .

Sur l'un des fourgons qui suivaient le régiment il y avait, jurant et pestant, étendu tout de son long, un homme qui, lui aussi, essayait de faire sa partie dans le joyeux chœur des soldats.

Cet homme était l'auteur même de la chanson des gardes-françaises. C'était le sergent Pivoine, qui se portait de mieux en mieux, ainsi que le chirurgien l'avait fait prévoir, mais qui avait perdu sa voix, comme celui-ci l'avait également prédit.

Bien qu'étant assez malade pour garder la caserne, Pivoine avait tenu si ardemment à accompagner ses camarades, il avait tant de fois répété qu'il ne se laisserait plus soigner si le régiment allait au feu sans lui, que le chirurgien était parvenu à le faire placer sur un fourgon.

Et, de temps en temps, le malheureux, guettant la reprise du refrain, lançait dans le chœur qui scandait la marche :

On fait l'a...

Inutile effort ! la note s'arrêtait dans son gosier qui n'avait plus que le son d'une clarinette dont on aurait retiré l'anche.

— Maudit moutard ! murmura-t-il en pensant à Tony. N'importe ! il a du chien, ce petit-là. Il n'a pas eu peur de moi. Il faut qu'il soit joliment brave !

Au fond, le commis à mame Toinon avait gagné un ami de plus. L'épée a du bon.

Et ce fut encore en chantant que le gai régiment fit son entrée à Chantilly.

Dès son arrivée, le marquis de Langevin se félicita d'avoir envoyé en avant Maurevailles.

Aux premiers les bons morceaux, comme dit le proverbe.

Les premiers régiments avaient donc trouvé de

tout à profusion. On les avait fêtés, complimentés. Les habitants s'étaient fait un honneur de nourrir, et de désaltérer surtout les héros qui allaient se battre pour la France. Mais les seconds ? mais les derniers ? Sans Maurevailles, on n'eût pas mangé.

C'est qu'à cette époque les étapes n'étaient pas réglées comme elles le sont aujourd'hui et pour traverser un pays, même français, il fallait prendre ses précautions.

Car peu à peu l'enthousiasme diminuait, ou tout au moins les ressources. Et on finissait par ne plus même trouver les fournitures strictement réglementaires.

Et les régiments qui fermaient la marche de l'armée ne rencontraient plus rien.

Or, de tous les officiers de Louis XV, le marquis de Langevin était précisément celui qui prenait le plus grand soin de ses soldats. Afin d'éviter désormais les inconvénients, les ennuis, les tourments de tout genre qui avaient attendu ses prédécesseurs, il chargea le capitaine Maurevailles d'aller étudier les pays à traverser, se rendre compte des ressources que l'on pouvait espérer et y tout régler pour que ses huit mille hommes pussent y passer sans difficultés et sans trop de souffrances.

Naturellement le caporal-secrétaire Tony fut le premier informé du départ de Maurevailles.

Tout d'abord il n'y prit pas garde. Le capitaine était chargé d'une mission : rien de plus ordinaire.

Mais quelle ne fut pas sa surprise quand il vit, en se mettant à la fenêtre de la maison où s'était établi le marquis de Langevin, Maurevailles appeler les deux autres Hommes Rouges, les entraîner dans un coin de la cour, causer mystérieusement avec eux, et enfin ces derniers lui donner leurs bourses !

— Qu'est-ce que cela veut dire ? se demanda-t-il.

Puis, en réfléchissant, il arriva à cette conclusion :

Maurevailles, rendu à lui-même, avait une chance pour retrouver la marquise de Vilers. Lavenay et Lacy, retenus au régiment, garnissaient sa poche d'argent afin qu'il pût, dans le cas où il parviendrait à s'emparer d'elle, prendre toutes les mesures possibles pour qu'elle ne leur échappât point de nouveau.

— Comment lutter contre des ennemis si prévoyants ! se dit-il. Ah bah ! S'ils ont pour eux les circonstances et l'argent, moi, c'est Dieu qui m'aidera.

. . . .

Pendant ce temps-là, grâce à la prudence du colonel-général, le Gascon et le Normand ne manquaient ni de dîner ni de boire. Et, le soir même, à moitié ivres, ils avaient déjà oublié maman

Nicolo et lutinaient la cantinière en lui chantant à tue-tête :

> On fait l'amour
> Tout le jour
> Dans les gardes-françaises.
> On fait l'amour, sur ma foi,
> Dans les gardes du roi !

Hélas ! couché à dix pas d'eux, le sergent Pivoine, l'enroué sergent, les entendait en maugréant. Pauvre Pivoine !...

VII

L'AMOUR D'UN VIEILLARD

Il y avait huit jours que le magnat avait amené la veuve du marquis de Vilers au château de Blérancourt, quand un cavalier longea la lisière de la forêt au milieu de laquelle s'élevait ce château.

Ce cavalier avait dû faire une longue route, car son cheval n'avançait qu'avec peine sur le terrain détrempé par la pluie et lui-même paraissait très fatigué.

A l'entrée de la forêt, à un quart de lieue du château, il y avait quatre ou cinq maisonnettes formant un petit village.

Au-dessus de la porte d'une de ces maisons pendait la branche de pin qui a coutume de dire aux voyageurs : Voici une auberge.

Triste auberge que celle-là et qui ne devait pas abriter souvent des voyageurs, car il passait bien peu de monde dans ce pays perdu.

Mais enfin on pouvait y trouver bon feu et passable gîte, et en tout cas de quoi se reposer à l'abri de la pluie.

Ce fut donc là que le cavalier frappa.

Nous ne saurions lui donner tort, car, autour d'un énorme brasier de tourbe et de branches mortes, une dizaine de paysans séchaient, tout en causant et en buvant du cidre, leurs habits mouillés.

A l'aspect du voyageur qui avait la mine d'un gentilhomme, ils s'écartèrent avec empressement pour lui faire place auprès de la cheminée.

— Holà! dit le cavalier, qui est l'hôte ici?

Un grand vieillard à barbe blanche ôta son bonnet de peau de renard et s'avança.

— Je suis officier et je vais me battre pour vous dans les Flandres, reprit le cavalier. Je me suis égaré dans vos satanés chemins, et du diable si je sais où je me trouve... Mais, il ne s'agit pas de cela. Avez-vous un coin pour loger mon cheval, une bête de mille pistoles qui est en train de prendre froid?

— Mon gentilhomme, si vous voulez bien, je mènerai moi-même en personne vot'cheval à l'écurie, s'écria l'hôtelier et je vous assure, foi de Garrigou, qu'il y sera mieux qu'à l'*Aigle noir* ou aux *Armes de Picardie,* à Noyon.

— Quant à moi, une place auprès du feu, une moitié de poulet et deux œufs me suffiront — à la condition toutefois que vous ayez du vin?...

— Je crois bien, et d'excellent, mon officier. Il y a plus de dix ans qu'on n'y a *mie* seulement touché. Vous ne trouverez pas dans toute la contrée un seul cabaretier qui puisse se targuer d'avoir de meilleur vin que maître Garrigou de Chante-Caille.

— En tout cas, il ne doit pas y en avoir qui sache mieux vanter sa marchandise, dit en souriant le voyageur, qui alla s'asseoir au coin du feu et étendit vers les tisons son feutre et ses grosses bottes.

Il y eut un instant de silence, motivé par la présence de l'étranger.

Puis les paysans s'enhardissant reprirent leur conversation interrompue.

— Et tu dis, Jean, demanda l'un d'eux, que le château est habité ?

— Oui, par le vieux seigneur qui est revenu.

— Il y avait longtemps qu'il n'avait pas mis les pieds par ici ?

— Plus de vingt ans. C'était maître Jeanson, l'homme de loi, qui s'occupait de tout.

— Et maintenant ?

— C'est une espèce de sauvage que le vieux seigneur a amené avec lui et qui a l'air d'un voleur plutôt que d'un intendant...

— C'est-y pas la même chose? interrompit un des paysans.

Tout le monde se mit à rire.

— N'importe, reprit le narrateur, c'est curieux tout de même, allez... Figurez-vous que le château est rempli de sonnettes...

— De sonnettes?

— Oui. A chaque porte, il y a un fil de laiton qui correspond à une sonnette placée dans la chambre du seigneur.

— Et pourquoi tout cela ?

— Pour que personne ne puisse entrer dans le château sans qu'il en soit informé, et pour qu'il sache par quelle porte on entre.

— Et comment sais-tu cela, toi, Jean?

C'est Philippe, le forgeron, qui me l'a raconté. Il a aidé les ouvriers que le vieux seigneur avait envoyé chercher à la ville pour poser les fils, et, comme il voulait voir si ça allait, il s'est présenté l'autre jour au château.

— Et il est entré ?

— C'est-à-dire qu'il a été reçu par le nouvel intendant, le sauvage... Il y dit: « J'apporte pour votre maître un beau chevreuil que j'ai tué... » Et pendant que l'autre le débarrassait, il a bien remarqué que les portes faisaient tinter des sonnettes.

— Et que lui a dit l'intendant?

— Rien. Il a tiré de sa poche une pièce d'or ; il la lui a mise dans la main, et il l'a poussé dehors.

— C'est bien singulier, tout ça. Mais qui sert le seigneur au château?

— Des muets... Oh ! ceux-là, je leur ai causé moi-même avant l'arrivée de leur maître...

— Tu leur as causé... à des muets?...

— C'est-à-dire que j'ai essayé; mais ils m'ont fait signe qu'ils avaient la bouche fermée.

— C'est dommage, j'aurais voulu savoir ce que cela veut dire.

— Pardi ! il ne tient qu'à toi d'aller au château ; tu seras reçu comme Boniface le braconnier.

— Qu'est-ce qui lui est arrivé ?

— Il a voulu entrer dans le jardin, la nuit, pour voir. Il a été saisi par les muets qui l'ont roué de coups de gaule...

— Ah ben alors, fit un autre, c'est presque l'aventure de Sébastien, le cordonnier, qui était allé rôder près des fossés un soir... Il a entendu craquer le ressort d'une arquebuse... il s'est sauvé, mais pas assez vite pour ne pas entendre une balle siffler à deux doigts de sa tête.

— Ah ça ! que diable racontez-vous-là, mes drôles, s'écria tout à coup le cavalier qui, depuis un instant, avait prêté l'oreille aux propos des paysans, est-ce une histoire ou une légende ?

— Ni l'une ni l'autre, mon gentilhomme, c'est ce qui se passe au château de Blérancourt.

— Et où prenez-vous ce château ?

— Au bout de l'allée de Saint-Paul... Tenez, vous pouvez l'apercevoir d'ici.

— Et c'est là que se passent toutes ces choses étranges ?

— C'est là.

— Ah ! palsambleu, il faut que je vois cela par moi-même.

— Vous, mon officier ? s'écria l'hôte épouvanté.

— Oui, certes.

— Mais vous n'avez donc pas entendu ce qu'on vient de dire ?..

— Peuh ! Avez-vous peur que je ne vous paie pas ma nourriture ? Mais au surplus vous avez raison. Cela ne me regarde pas. Me voilà sec ; maintenant, je mangerais bien le poulet tout entier, arrosé de ce bon vin qui n'a pas son pareil... Et j'irai ensuite dormir, afin de pouvoir demain reprendre ma route.

Maître Garrigou avait dressé la table. Le gentilhomme se mit à manger.

Le temps s'était un peu éclairci, les paysans sortirent l'un après l'autre. Le cavalier, qui depuis un moment semblait préoccupé, put réfléchir tout à son aise.

. . . .

Au château de Blérancourt, le supplice de madame Vilers continuait.

Le magnat cependant la comblait de prévenances, mais de la part de cet homme les prévenances lui étaient odieuses.

Par un raffinement de délicatesse, il avait évité même de lui parler de son amour, et des conditions imposées par sa passion sans merci.

Il avait accordé à la marquise dix jours de réflexion. Il voulait la laisser en paix pendant ces dix jours.

Il avait fait plus.

Pour qu'Haydée ne s'ennuyât point, il avait envoyé à Paris un exprès, afin de mander auprès d'elle sa sœur Réjane qui lui tiendrait compagnie.

Une heure encore et le délai allait expirer...

Depuis quelques jours, le magnat avait demandé à la marquise la permission de prendre ses repas avec elle. Fatiguée de la solitude, madame de Vilers n'avait pas refusé. Elle ne se défiait plus, du reste, des mets que lui présentait le comte, espérant qu'il n'agirait avec elle que par persuasion et qu'il n'emploierait ni force ni surprise. Le soir où nous sommes, le comte et madame de Vilers dînaient ensemble dans les appartements de celle-ci.

Au dessert, le magnat se leva :

— Le dixième jour est expiré, dit-il d'une voix émue. Haydée, quelle est votre décision ? Voulez-vous m'aimer ?

— Non !... répondit-elle.

— Réfléchissez encore !...

— Vous me faites horreur !...

— J'ai donc bien fait alors d'agir comme je l'ai fait !...

— Que voulez-vous dire ? s'écria la jeune femme au comble de l'effroi.

— Que vous venez de prendre un narcotique qui, dans quelques minutes, vous livrera sans défense à mon amour...

— Oh ! c'est épouvantable !

— C'est de bonne guerre. Vous me repoussez lorsque j'implore. Eh bien, malgré votre orgueil et vos répulsions vous serez à moi.

— Oh ! infâme ! infâme ! répéta madame de Vilers en saisissant un couteau sur la table et en essayant de se lever pour s'élancer vers le comte.

Mais ses forces la trahirent. Un engourdissement invincible s'empara d'elle...

Elle retomba sur son fauteuil.

Le vieillard la regardait avec un sourire ironique.

— Tu vois bien, ma pauvre Haydée, dit-il en la tutoyant pour la première fois, tu vois bien que tu aurais mieux fait de consentir. Ah ! tu seras à moi maintenant... bien à moi !...

Il lui prit la main. Vainement elle tenta de le repousser.

— Ah ! tu ne te doutes pas, continua-t-il en lui enlaçant la taille de ses bras avides, ah ! tu ne peux avoir une idée de ce qu'est l'amour à mon âge... Tu ne sais pas quelle lave, à ta seule vue circule dans mes veines ; tu ne sais pas quelle tempête s'agite dans mon cœur... Haydée, personne, — personne, entends-tu, — de tous ces jeunes gens qui se disputaient un regard de toi, ne l'a mérité par un amour semblable, comparable à celui qui me dévore !...

Et, le visage cramoisi, les lèvres humides, les yeux saillants à faire croire qu'ils allaient jaillir de leur orbite, les veines du cou gonflées, le vieillard se penchait de plus en plus sur la jeune femme défaillante, qui n'avait plus la force de se reculer pour éviter la souillure de ce contact.

— Haydée, murmura encore le comte, Haydée,

tu vas être enfin à moi! à moi !... personne ne peut t'arracher de mes bras !...

Il se pencha sur elle. Ses lèvres touchaient presque les lèvres de la malheureuse femme...

Une minute encore... et elle allait être à lui quand un coup de sonnette retentit dans la chambre du comte. Le vieillard bondit.

— Qui donc, s'écria-t-il, qui donc ose enfreindre mes ordres et entrer dans le château sans que je sois prévenu?

Il s'élança vers le grand vestibule et se trouva en face d'une jeune fille.

C'était Réjane, la sœur de la marquise, qui arrivait de Paris.

Il s'empressa de la conduire dans les appartements qu'il lui avait fait préparer, puis la laissant à sa toilette et la priant d'attendre la marquise, il revint tout palpitant auprès de celle qui allait être sa proie...

Mais en entrant dans la pièce où il comptait réaliser l'unique espoir de sa vieillesse avilie, il poussa un épouvantable cri de surprise et de rage...

Cette chambre où, peu d'instants auparavant, madame de Vilers inanimée annonçait si bien devoir être en son pouvoir, cette chambre était vide !...

. . . .

VIII

LE MUET QUI PARLE

Quand la marquise, après sa périlleuse torpeur, recouvra sa raison, un cheval de sang l'emportait au galop à travers une forêt...

Sur ce cheval, elle était soutenue par un homme dont la main qui tenait les rênes s'appuyait tendrement sur son cœur, tandis que, de l'autre main, il lui protégeait le visage contre le fouet des branches.

Les souvenirs de la scène du château lui revinrent en mémoire; elle pensa au magnat, et un frisson lui parcourut tout le corps.

Mais en levant les yeux vers l'homme qui la soutenait, elle reconnut qu'il portait un costume d'officier des gardes-françaises.

Que s'était-il donc passé et comment se trouvait-elle dans les bras de ce gentilhomme?

. . . .

On sait de quelle mission Maurevailles avait été chargé par le marquis de Langevin.

Nous avons vu comment, — après avoir préparé les étapes du régiment des gardes-françaises, qui tenait à faire joyeusement la route, en régiment d'élite qu'il était, — l'ancien ami du marquis de Vilers était arrivé chez Garrigou et comment la conversation des paysans lui avait appris ce qui se passait au château voisin.

En fallait-il davantage pour qu'un soupçon lui traversât l'esprit ?

Maurevailles se promit d'éclaircir ce soupçon.

Le soir, quand le château fut noyé dans une masse d'ombre, il se hâta d'aller examiner les lieux, au risque de recevoir une volée de coups de bâton comme Boniface le braconnier, ou un coup de mousquet comme Sébastien, le cordonnier du village.

Il ne lui arriva aucune mésaventure ; mais il se convainquit, à n'en pouvoir douter, qu'il était impossible d'entrer dans le château.

Par la force ? On rencontrerait l'armée des muets dévoués au magnat.

Par surprise ? Les sonnettes avertiraient.

A tout hasard, il descendit dans le saut-de-loup.

Ce qu'il eût fallu trouver, c'eût été un passage secret comme il en existe dans presque tous les vieux châteaux, les architectes d'autrefois prévoyant toujours l'amour et le meurtre, ainsi que le besoin du mystère.

Mais le temps et le moyen de découvrir ce passage ?

Comme il se faisait cette réflexion, Maurevailles vit une ombre sortir en quelque sorte du pied de la muraille, à vingt pas de lui, et disparaître rapidement.

Autant que le chevalier avait pu en juger, c'était un enfant, car sa taille atteignait à peine la moitié de la moyenne.

Mais d'où sortait cet enfant ? Maurevailles alla examiner l'endroit. Il ne découvrit aucune porte, aucun trou.

— Parbleu, se dit l'officier, j'en aurai le cœur net. Ce promeneur nocturne reviendra probablement au logis. Il ne s'agit que de l'attendre.

M. de Maurevailles avait passé plus d'une nuit en plein air au bivouac ; quelques heures de faction sous la pluie ne l'effrayaient donc pas.

Il se blottit le plus commodément qu'il put sous un toit de plantes grimpantes, et attendit le retour de l'ombre.

Il y avait à peu près deux heures qu'il était là et il commençait à maugréer, quand un pas pressé se fit entendre. En même temps l'ombre surgissait sur le bord du talus et se laissait glisser jusqu'au fond du saut-de-loup.

Maurevailles lui mit la main au collet.

— Grâce, Monseigneur, miséricorde, gémit l'ombre en s'affaissant.

Maurevailles examina alors sa capture.

C'était un être bizarre : Pas tout à fait trois pieds de haut, une tête énorme et plantée de cheveux en broussailles, des bras démesurément longs, des jambes fendues jusqu'au milieu du torse : un nain difforme et hideux.

— Qui es-tu et que fais-tu là ? demanda l'officier.

— Je suis un des serviteurs du château, répliqua le nain qui se rassura un peu en voyant qu'il avait affaire à un étranger.

— Tiens, tu n'es pas muet, toi ?

— Ne dites rien, mon gentilhomme, j'ai feint d'être muet pour être amené en France, parce que chez nous personne ne voulait m'employer. Je suis trop petit. Et puis, j'adore le vin de France... Oh ! le vin de France ! Comme il donne de beaux rêves ! Et c'est pour cela que, la nuit, je m'échappe, afin de boire et de causer un peu avec de bons compagnons...

— Tu aimes le vin de France, dit Maurevailles en souriant. Aimes-tu aussi l'or de France ?

La figure du nain s'éclaira.

— Et veux-tu beaucoup de pièces comme celle-ci ? continua l'officier en lui mettant un louis dans la main.

— Que faut-il faire, Monseigneur ?

— Me montrer le passage par où tu rentres au château.

Un tressaillement d'effroi secoua le corps débile du nain.

— Le magnat me tuerait, s'écria-t-il.

— Allons donc, qui te trahira? répliqua Maurevailles en lui présentant un second louis.

L'effet de l'or fut magique. Les yeux du nain s'éclairèrent. Il se redressa.

— Venez, dit-il.

Il alla jusqu'à la muraille, se baissa, appuya trois fois son pouce sur une tête de clou que, même en plein jour, Maurevailles n'aurait pas remarquée, et une énorme pierre tourna sur elle-même, ouvrant un passage suffisant pour deux hommes.

— Entrez, dit le faux muet. N'ayez pas peur. J'ai coupé le cordon de la sonnette.

— Entre le premier, maître gnôme, répondit l'officier, et souviens-toi qu'à la première trahison, je te passe mon épée à travers le corps.

— Mais en vous trahissant, dit le nain, je me perdrais moi-même; le magnat me ferait pendre. Tandis qu'avec vous, au contraire, j'aurai de quoi boire du bon vin de France jusqu'à la fin de mes jours.

L'ouverture démasquée par la pierre donnait sur un escalier en colimaçon, ménagé dans l'épaisseur de la muraille. A la hauteur d'un second étage, un couloir s'étendait perpendiculairement à la muraille extérieure.

— Comment as-tu découvert ce passage, maître gnôme? demanda Maurevailles.

— Je m'ennuyais, moi qui aime à causer, d'être toujours en tête-à-tête avec toutes ces langues mortes. Je me suis souvenu qu'aux bords du Rhin, chez nous, les vieux burgs ont des escaliers secrets. J'ai cherché et j'ai eu vite trouvé.

— Où conduit ce passage?

— Au-dessous de la chambre où je couche. Mais ce n'est pas le seul. Ce souterrain est comme la toile d'une araignée : quand on est au milieu, on voit des rayons partout.

— Et y a-t-il un couloir qui aille à la chambre de la comtesse Haydée ?

— Comment, vous savez ?... Au fait, je suis bête, moi... je me demandais pourquoi vous vouliez entrer dans le château !... Certes, oui, mon gentilhomme, il doit y en avoir un, mais où est-il ? Je n'ai pas le temps de le chercher maintenant ; voilà le jour qui va venir et on s'apercevrait de mon absence. Mais ce soir, si vous voulez...

— Ce soir, soit !...

Maurevailles mit un nouveau louis dans la main du faux muet et redescendit l'escalier. Il n'eut pas de peine à refermer la pierre, qu'il rouvrit ensuite à plusieurs reprises, afin de s'assurer qu'il possédait bien le secret du muet.

— Enfin ! se dit-il en remontant sur les glacis du saut-de-loup. La marquise sera à nous !

Et il examina attentivement l'endroit où il était, pour être bien certain de retrouver sa route.

Le soir où nous sommes, il était entré seul dans le couloir secret où le nain l'attendait.

— Venez, dit celui-ci, j'ai trouvé.

Et il le conduisit dans le troisième couloir à droite, à partir de celui par lequel il avait gagné le centre de la toile d'araignée. A certain endroit, un mince filet de lumière, passant comme par le trou d'une épingle, traversait l'obscurité.

— Je trouve tout, je trouve tout, disait le nain en frétillant. Il y a un tableau mobile par lequel on peut entrer chez votre bonne amie. Seulement il faut attendre : le vieux comte y est. J'ai fait un trou. Vous pouvez voir !...

Maurevailles vit, en effet, le magnat assis à table vis-à-vis de la comtesse Haydée.

Le vieillard était juste en face de lui. Il causait et souriait. Quant à la comtesse, qui lui tournait le dos, Maurevailles avait le droit de supposer qu'elle aussi causait affectueusement avec le magnat.

Il avait donc la rage dans le cœur. Vingt fois, l'envie lui prit de bondir dans la salle et de poignarder le comte de Mingréli et Haydée...

Mais il se contint, voulant attendre...

Quand il vit le comte penché sur la jeune femme inerte, il n'y put tenir et chercha du bout du doigt le bouton qui faisait tourner le tableau.

C'est à ce moment que les sonnettes retentirent et que le magnat sortit.

. . . .

A l'arrivée de Réjane, le magnat, nous l'avons dit, l'avait à la hâte conduite à son appartement. Lui recommandant expressément de ne pas bouger, il était allé donner quelques ordres, puis était revenu au plus vite vers Haydée.

Mais, quelque diligence qu'il eût faite, Réjane, pressée d'embrasser sa sœur, était venue avant lui.

Et qu'avait-elle vu en écartant la tapisserie ?

Elle avait vu l'homme qu'elle aimait, celui dont elle avait fait son rêve, son espoir, Maurevailles enfin, se glisser par l'entrebâillement du tableau, s'approcher de la marquise de Vilers, la regarder avec passion, déposer deux baisers sur ses yeux clos, puis l'emporter, radieux, par le couloir secret !

C'était horrible !

Cet ange venait d'entrevoir l'enfer !

La jeune fille, quoique étant à l'instant même initiée au mal, resta ange.

Maurevailles avait laissé le passage ouvert.

Elle se dit :

— Si le magnat s'en aperçoit, il saura où le poursuivre...

Et elle remit le tableau en place !

Puis elle s'enveloppa dans les plis de l'immense tapisserie qui cachait la porte par laquelle allait entrer le magnat...

IX

LE GAMIN DE PARIS

. . . .
Et le cheval galopait à travers les halliers, emportant l'officier des gardes-françaises et la marquise de Vilers.

— Qui êtes-vous ? s'écria celle-ci en faisant un mouvement pour se dégager.

Mais le cavalier l'enserra plus étroitement encore en répondant :

— Je suis l'un de ceux qui t'aiment et qui donneraient leur sang pour toi. Je suis l'un des Hommes Rouges. Souviens-toi de Fraülen. Je suis le chevalier Albert de Maurevailles.

La marquise, épouvantée, poussa un grand cri.

A ce cri répondit une autre exclamation.

Et des broussailles sortit, à vingt pas en avant du cheval, un jeune homme portant, lui aussi, l'uniforme des gardes-françaises.

Il s'élança pour barrer le passage, mais Maurevailles fit faire à son cheval un bond de côté et lui enfonça ses éperons dans le ventre...

Le cheval était passé... Le soldat, à pied, ne pouvait espérer le rattraper, ni même le suivre.

Mais il eut une inspiration subite.

Il tira son sabre et, avec la rapidité de l'éclair, le lança par la pointe vers les jambes du cheval.

L'arme tournoya en sifflant jusqu'à ce qu'elle eût atteint son but...

L'animal venait de s'abattre...

Il avait un jarret coupé.

. . . .

Ce jeune homme, arrivé si à propos pour arrêter la fuite de Maurevailles, on l'a deviné, c'était Tony...

Tony qui, voyant Lavenay et Lacy retenus par leur service auprès du marquis de Langevin, s'était dit :

— Le danger n'est plus ici, il est là où va Maurevailles.

Où se rendait Maurevailles, — officiellement du moins, — Tony le savait bien.

En sa qualité de secrétaire du colonel, il avait lui-même rédigé les pleins pouvoirs avec lesquels l'officier était parti.

Mais, dans le temps que lui laisserait l'accomplissement de son devoir, qu'allait faire Maurevailles ?

Cela ne laissa point que d'intriguer le jeune homme.

Aussi se promit-il de se servir de la première circonstance qui lui permettrait ou de rappeler Maurevailles ou de le rejoindre. Elle ne se fit pas attendre.

Le lendemain, le maréchal de Saxe, sous qui étaient maintenant les gardes-françaises, ordonnait au marquis de Langevin d'attendre le gros de l'armée à trente-cinq lieues de Paris, sur la route des Flandres. Tony alla trouver le colonel-général et lui demanda d'être le messager qui irait dire au chevalier de Maurevailles de ne pas continuer sa route au delà de trente-cinq lieues et choisir pour l'état-major des logements convenables, appropriés à un séjour plus ou moins long.

Bien qu'il lui en coutât un peu de se séparer de son secrétaire, qu'il affectionnait de plus en plus, le colonel n'eut pas le courage de lui refuser ce qu'il demandait.

Et Tony, muni de son ordre, partit immédiatement au grand galop, dans la direction qu'avait prise Maurevailles.

On a vu comment il était arrivé à point nommé dans la forêt de Blérancourt.

. . . .

En s'abattant, le cheval avait entraîné, sur la mousse du hallier, Maurevailles et la marquise.

Rompu aux exercices du corps, toujours prêt à tout accident, le capitaine n'avait eu qu'à ouvrir les jambes pour se trouver debout et sans aucun mal.

Quant à la marquise, qui était en travers du pommeau de la selle, elle avait simplement glissé à terre.

Tony s'élança pour la relever.

Mais déjà Maurevailles avait mis l'épée à la main. D'un bond, il se plaça devant elle.

Et Tony était désarmé !

Le cheval était tombé sur son sabre, sur lequel il se tordait dans les douleurs que lui causait sa blessure.

— Ah ! petit misérable, s'écria Maurevailles, tu te trouveras donc toujours sur notre route ! Je vais te guérir une bonne fois de ta manie de te mêler de ce qui ne te regarde pas.

Et il fondit sur Tony, l'épée haute. Le jeune soldat n'eut que le temps de bondir en arrière.

— Au secours ! cria inconsciemment la marquise.

— Tiens, tiens, dit railleusement Tony, il paraît que nous ne reculons pas au besoin devant l'assassinat, monsieur le capitaine ?...

— Défends-toi !... cria le comte en le poursuivant.

— Me défendre ? Avec quoi ?... Ah ! de capitaine aux gardes-françaises, devenir voleur de femmes et spadassin, pour un gentilhomme, la chute est lourde !... disait Tony, en fuyant d'arbre en arbre, avec l'agilité d'un gamin de Paris et en évitant les atteintes de Maurevailles, qui, écumant de colère, le poursuivait toujours.

— Au secours ! au secours ! continuait de crier la marquise affolée.

— Je te clouerai comme un hibou le long d'un de ces arbres ! hurlait le capitaine en courant après Tony.

Mais le gamin, toujours railleur, répliquait :

— Vous ne clouerez rien du tout ! Dites donc, capitaine, et moi qui vous apporte un ordre du colonel...

Un furieux coup d'épée vint déchirer le revers de son habit. Il gagna au large.

— Sapristi, vous avez justement failli le trouer. Si c'est comme ça que vous recevez les messagers...

Il fut de nouveau obligé de s'effacer derrière un arbre.

— Ah ! c'est ennuyeux, à la fin, dit-il en se baissant et en ramassant vivement une grosse pierre, il faut que je remplisse ma mission, moi !...

Et la pierre, lancée avec une sûreté de coup d'œil infaillible, alla frapper l'ennemi en plein front.

Maurevailles poussa un véritable rugissement en portant les deux mains à son visage.

Tony profita de l'instant et bondit sur lui pour le désarmer.

Mais ce mouvement lui fut fatal. Il glissa et tomba à la renverse.

Maurevailles, triomphant de sa douleur, lui mit un pied sur la poitrine et leva son épée...

La marquise eut un cri terrible et ferma les yeux.

X

LA FLÈCHE DU PARTHE

Inévitablement Tony allait mourir, quand un grand bruit de gens et de chevaux se fit entendre.

Maurevailles, surpris et prêtant l'oreille, n'abaissa point son épée...

Qui donc pouvait venir ?

C'était le magnat qui, aussitôt après la disparition de la marquise, avait mis sur pied ses muets et les avait lancés dans toutes les directions.

Bien que le nain, complice de Maurevailles, eût fait son possible pour diriger les recherches du côté opposé à celui par où le capitaine avait pu fuir, il n'avait pas été difficile de retrouver les traces du cheval qui, lourdement chargé, enfonçait ses sabots profondément dans le sol, et dont les pas ne pouvaient se confondre avec les autres.

En voyant arriver sur lui les gens du magnat, M. de Maurevailles abandonna tout à fait Tony pour leur tenir tête.

Mais comment lutter, un contre vingt ?

Dans l'encoignure d'un mur où l'on a ses ennemis en face, il y a encore moyen de résister.

Dans une forêt où l'on peut être entouré et frappé par derrière, c'eût été folie d'essayer.

Le capitaine ne s'en tira que par un coup d'audace.

N'attendant pas l'attaque, il choisit son adversaire.

Fondant sur l'un de ceux qui se trouvaient le plus éloignés de lui, il le frappa de son épée, le renversa, sauta sur le cheval et par un bond prodigieux s'élança hors du hallier.

Mais, avant de faire ce bond, il eut le temps de crier à la marquise :

— Vous m'échappez cette fois encore, marquise... Mais vous serez aussi malheureuse que moi... Celui que vous aimez, votre mari, est mort !!! Si vous ne me croyez pas, demandez à votre ami, le courtaud de boutique !

Et désignant Tony d'un geste méprisant, il disparut, sans qu'on le poursuivît cette fois, le seul ordre qu'avaient les muets étant de retrouver madame de Vilers.

Tony s'était relevé.

Délivré de Maurevailles, sa situation ne valait guère mieux, car les gens du magnat l'entouraient et menaçaient de lui faire un mauvais parti.

Si le jeune homme eût eu une arme, il eût certes, malgré la difficulté de renouveler pareille surprise, essayé, comme Maurevailles, de démonter un des muets pour fuir sur son cheval, en emmenant la marquise.

Nous savons que Tony ne doutait de rien. Au besoin, il eût tenté de faire une trouée.

Mais Tony n'avait pas d'arme...

Rien, pas même un tronçon de lame.

Faudrait-il donc que Tony se rendît et demandât grâce au vainqueur ?

Se rendre !... demander grâce !... A cette pensée, le jeune soldat sentait tout son sang bouillonner. Et cependant, oui, il le fallait. La marquise était là, au pouvoir du magnat, menacée par Maurevailles qui voudrait prendre sa revanche et par les deux autres Hommes Rouges qui allaient bientôt arriver, eux aussi.

Plus que jamais, elle avait besoin d'un défenseur.

Il était donc nécessaire que Tony vécût pour la protéger.

Tony faisait ces réflexions, tandis que le magnat, certain que son prisonnier n'échapperait pas, s'occupait de la marquise qu'il faisait prendre par deux hommes et déposer sur une litière improvisée avec des branches d'arbres et des manteaux.

Tout à coup le jeune secrétaire de M. de Langevin eut une inspiration.

Il s'approcha du magnat et, ôtant son chapeau galonné comme pour témoigner de ses intentions parlementaires :

— Monsieur, dit-il, permettez-moi de m'expliquer.

Le magnat inclina affirmativement la tête.

— Vous me prenez probablement, reprit Tony, pour le complice de l'homme que vous poursuiviez. Ce serait une grave erreur. Je passais, au contraire, me rendant à un château situé non loin d'ici, quand je l'ai rencontré emportant de force cette dame qui se débattait contre son étreinte. J'ai essayé de la lui arracher en frappant son cheval que vous voyez là gisant à terre. Lui, par contre, a voulu me tuer, et sans vous, il y aurait facilement réussi. Enfin il vient de partir en m'insultant. Nous sommes donc loin d'être complices...

Le magnat n'eut pas besoin de réfléchir pour se rendre à l'évidence. La position désespérée dans laquelle il avait, à son arrivée, aperçu le jeune garde-française, aurait même dû suffire à l'éclairer.

— Et, maintenant, reprit Tony, si vous êtes, comme je le suppose, le maître de ce château, j'ai un ordre à vous montrer, un ordre qui m'autorise à le requérir pour le logement des officiers des gardes-françaises... Voici cet ordre.

Tony parlait haut et ferme. Il sortait à demi, des revers de son uniforme, le pli scellé aux armes du marquis de Langevin et dont nous savons le contenu. Le magnat n'osa refuser.

— Soit, dit-il, venez.

Tony alla reprendre, sous le cadavre du cheval, son sabre de garde-française, prit le cheval d'un des muets qui portaient la litière de la marquise, et suivit le cortège jusqu'au château.

Grâce à l'ordre du marquis de Langevin, Tony ne pouvait y être considéré comme un intrus.

Bien au contraire, il était presque un personnage officiel.

Et bien que peu familiarisé avec les usages de la France, qu'il habitait rarement, le magnat se considérait comme tenu de faire les honneurs du château à son hôte.

Puis, le vieux comte n'oubliait pas que c'était grâce à l'intervention du jeune homme que ses gens avaient pu rejoindre le ravisseur, qui avait sur eux une forte avance.

Il se disait que Tony avait failli être tué par ce ravisseur et se rappelait les paroles d'adieu.

Il était donc certain que Tony devait avoir une haine mortelle pour Maurevailles et qu'au cas où celui-ci ferait une nouvelle tentative, son hôte pourrait aider à la déjouer et à la repousser.

Enfin, le magnat fut touché de la délicatesse du jeune homme qui, à son arrivée au château, choisit pour le colonel et ses officiers un pavillon situé à l'opposé de celui dans lequel se trouvaient les appartements de la marquise.

Au bout de deux heures, Tony était donc invité à circuler à sa guise dans le château.

Il en profita pour se rendre auprès de la marquise.

Il la trouva agenouillée au fond d'un petit boudoir.

Elle portait déjà des habits de deuil et pleurait.

A la vue de Tony, elle jeta un cri, et, toute défaillante, vint au-devant de lui.

— Ah! lui dit-elle, vous qui m'avez deux fois sauvée, vous qui avez peut-être vu mon malheureux époux le jour de sa mort, vous qui saviez, sans doute...

— Madame, interrompit Tony, je savais tout !

— Oh ! je vous en prie, parlez.

— J'ai recueilli le dernier soupir de votre époux, continua le jeune homme, et, à l'heure suprême, votre nom errait sur ses lèvres. C'est pour obéir à sa dernière volonté que je me suis tu.

La marquise pleurait à chaudes larmes ; elle avait pris les mains de Tony dans les siennes et les pressait tendrement...

— Mais, s'écria-t-elle tout à coup avec une explosion de douleur, qui donc l'a tué?

— L'homme avec qui j'ai voulu me battre quelques heures plus tard.

Et alors Tony raconta simplement tous les faits auxquels il s'était trouvé mêlé.

Et haletante, avide, la marquise l'écoutait.

— Mais enfin, Monsieur, dit-elle, lorsqu'il eut terminé son récit, qui donc êtes-vous ?

Cette question fit tressaillir le jeune homme.

Un moment il courba le front.

Mais presque aussitôt il le releva.

— Madame, dit-il avec une noble modestie, j'étais, il y a trois semaines, comme le disait M. de Maurevailles, un pauvre commis de boutique, un enfant recueilli par charité.

La marquise eut un geste d'étonnement.

— C'était en cette qualité que je suivais M. le marquis de Vilers, qui sortait de la boutique de friperie où j'étais commis. Je vous apportais des costumes pour le bal de l'Opéra.

Votre époux fut provoqué devant moi.

Quand il tomba, mortellement frappé, son regard ne rencontra que le mien. Le meurtrier avait fui.

Alors une révolution s'opéra en moi. Je compris que la Providence, dans ses vues impénétrables, me confiait une mission, — la mission de venger l'homme que je venais de voir mourir, la mission de protéger la femme qu'il laissait en ce monde.

Et c'est pour cela, madame, acheva Tony avec chaleur, c'est pour cela que vous m'avez rencontré le soir à l'Opéra ; pour cela que, le lendemain déjà, je songeais à être soldat, car l'épée est une noblesse !

Peu à peu le jeune homme avait pris une fière attitude, son regard s'était enflammé, son geste était devenu solennel.

La marquise le regardait et, sous ses larmes, elle eut presque un sourire.

— Vous êtes un noble cœur, dit-elle.

— Madame, reprit Tony, je repartirai bientôt

avec mon régiment, et avant un an je serai officier... Mais, d'ici là, quoi qu'il arrive, je veillerai sur vous, et ni M. de Maurevailles, ni M. de Lacy, ni M. de Lavenay ne parviendront jusqu'à vous.

La marquise lui tendit sa belle main à baiser, mais hocha la tête.

— Monsieur Tony, dit-elle, s'il est vrai que parfois les pressentiments et les vœux des infortunés portent bonheur, laissez-moi vous dire que vous deviendrez un jour un des plus brillants officiers de l'armée de France !

Tony jeta un cri d'enthousiasme...

— Mais, maintenant, madame, dit-il après un moment de silence, voudriez-vous me permettre de vous demander à mon tour comment je vous ai trouvée dans ce château ou plutôt fuyant de ce château en compagnie d'un homme que vous détestez plus que moi encore ?

Et la marquise lui expliqua pourquoi, persuadée qu'elle sauvait ainsi son mari, — qu'elle croyait vivant, — elle avait consenti à suivre le comte de Mingréli.

Avec toute la pudeur qu'elle devait à ses instincts autant qu'à son éducation, elle lui fit part des infâmes propositions du magnat.

Quand elle en arriva à parler du soporifique :

— Oh, le misérable ! s'écria Tony. Mais alors qu'allez-vous devenir ?

— Tranquillisez-vous, mon parti est pris. Il est bien simple. Je refuserai désormais toute nourriture, toute boisson. Mon mari est mort. Je mourrai.

— Mourir ? Vous ! Mais vous n'en avez pas le droit. Il faut le venger. Voudriez-vous me laisser poursuivre seul cette tâche ?

— Ma douleur m'enlèvera tout courage...

Le jeune homme eut un mouvement sublime.

— Du courage ? Mais je vous en donnerai, moi. Moi et une autre...

— Que voulez-vous dire ?

— Qu'une grande consolation vous est réservée, car celui que vous pleurez a laissé une enfant...

— Mon mari ?

— Oui, une fille qu'il a eue longtemps avant de vous connaître. Elle a aujourd'hui quinze ans. Elle est tout son vivant portrait. Cette fille, c'est lui encore. C'est sa chair, c'est son sang. Vous la verrez, je vous le promets. Vous l'aimerez. N'est-ce pas que maintenant vous vous sentez du courage ?

Déjà la marquise était transfigurée. Elle rayonnait. Elle allait voir, embrasser sinon son mari, du moins quelque chose de lui.

Mais soudain son beau front s'obscurcit de nouveau.

— Nous oublions le magnat, dit-elle. Qui sait ce qu'il fera de moi s'il parvient à m'endormir encore ?

A ces mots, Tony se redressa :

— Ne craignez rien, Madame, s'écria-t-il. Vous avez quatre ennemis, et je sens en moi la force de huit hommes !

XI

L'INTERROGATOIRE

Quatre jours après, les roulements du tambour et le froissement des armes éveillaient de nouveau les échos de la forêt de Blérancourt, depuis longtemps habitués à un plus long sommeil.

Les gardes-françaises arrivaient.

L'avant-garde, qui les avait précédés d'une heure, avait, à défaut de logements, choisi, d'après les conseils de Tony, les emplacements nécessaires au campement des huit mille hommes.

Aussitôt arrivée, chaque compagnie, chaque escouade était informée du point qu'elle devait occuper et, sous la direction des sous-officiers — des *bas-officiers,* comme on disait alors, s'empressait de dresser ses tentes ou d'organiser ses bivouacs.

Quelques vieux officiers de fortune, des moustaches grises qui devaient leurs épaulettes à vingt ans de campagnes et à autant de blessures, restèrent pour surveiller le campement. La jeunesse dorée du régiment, les brillants capitaines qui faisaient l'ornement de Versailles, se rendirent directement au château, où l'on sait que Tony avait préparé leurs logements.

Quant au marquis de Langevin, le colonel, il se promena de long en large, regardant ce qui se passait, observant le bivouac, s'inquiétant de savoir si tous les hommes étaient bien, au physique comme au moral.

Au bout d'une heure, toute l'installation était terminée, et devant les feux qui flambaient joyeusement, les cuisiniers d'escouade, les manches retroussées jusqu'au coude, le tricorne remplacé par un bonnet, surveillaient les marmites dans lesquelles cuisait le dîner, tandis que les vivandières mesuraient à l'avance les bouteilles et les chopines afin d'aller plus vite à la besogne quand le grand moment du souper arriverait.

— Allons, tout va bien, dit le colonel.

Et, après un dernier coup d'œil aux gardes du camp, il alla rejoindre son état-major au château.

En prenant place au rapport, il fit appeler Tony.

Le jeune caporal se rendit immédiatement à l'ordre de son chef, qu'il trouva au milieu de ses officiers.

Le marquis de Langevin le reçut d'un air sévère, auquel il ne l'avait pas accoutumé.

Le jeune homme se douta de ce qui était arrivé.

Après sa lutte dans le bois, Maurevailles, fuyant les gens du magnat, était revenu vers le colonel, auquel il avait raconté à sa façon ce qui venait de se passer.

Naturellement le récit n'avait pas été à l'avantage de Tony, que Maurevailles avait dépeint comme un mutin et un indiscipliné.

Gaston de Lavenay et Marc de Lacy s'étaient joints à Maurevailles pour desservir le jeune garde auprès de son protecteur.

Le colonel connaissait depuis longtemps les trois amis et les estimait fort pour leur bravoure.

Il ignorait quelle haine féroce les poussait à se défaire de Tony.

Aussi était-il résolu à sévir rigoureusement contre le soldat qui abusait de la faveur dont on le comblait pour vouloir marcher de pair avec ses supérieurs, les insulter, tirer l'épée contre eux.

Cela coûtait beaucoup au marquis, car il affectionnait son jeune secrétaire. Mais il était, avant tout, l'homme de la discipline et de la justice.

Il commença donc par demander brusquement au jeune homme l'emploi de son temps, à partir du moment où il avait quitté Paris pour se rendre en mission.

— Mon colonel, répondit Tony, j'ai, ainsi que j'en ai reçu l'ordre, suivi la route parcourue par le capitaine de Maurevailles, choisi ce château pour vous et votre état-major, retenu les provisions nécessaires...

— Vous savez bien que ce n'est pas de cela qu'il s'agit. Allons, pas de tergiversation. Parlez.

Tony se tut. Le marquis de Langevin reprit:

— Je vous demande de quel droit vous vous mêlez des affaires particulières de votre capitaine.

Le jeune homme pâlit.

— Mon colonel, dit-il, je ne puis répondre à cette question que devant vous et vous seul...

— Il s'agit d'une faute contre la discipline. Ces messieurs doivent être éclairés comme moi.

— Alors, mon colonel, faites-moi fusiller tout de suite... Il est des choses que, même devant un conseil de guerre, je ne déclarerais pas !...

— Une nouvelle mutinerie, petit drôle ?... s'écria le colonel furieux.

— Pardon, mon colonel, mais vous m'interrogez sur une affaire d'honneur et de délicatesse, et en ces questions-là vous êtes trop bon juge pour ne pas me dire tout à l'heure que j'ai raison.

Le vieux marquis tortillait furieusement sa moustache grise, ce qui chez lui était le signe de l'indécision. Il réfléchit un moment, puis il dit:

— Je crois que tu espères m'attendrir en me flattant, gamin !... mais cela te coûtera cher si tu me trompes !...

Et, se tournant vers ses officiers qui regardaient curieusement, il reprit :

— Messieurs, soyez assez aimables pour me

laisser seul avec ce blanc-bec qui a une confession à me faire. Je vais voir tout à l'heure s'il faut lui donner l'absolution ou lui infliger une dure pénitence. J'ai bien peur que ce ne soit le second cas qui arrive.

Les officiers se retirèrent. Le marquis demeura seul avec Tony.

— Eh bien, qu'as-tu à me dire, voyons, parle!... lui dit-il.

Tony lui raconta brièvement, mais sans omettre aucun détail, l'histoire du serment des Hommes Rouges telle qu'il l'avait lue dans le manuscrit du marquis de Vilers, et les événements qui avaient été la conséquence de ce pacte.

En apprenant comment et par quelle main son ancien compagnon d'armes avait été frappé, M. de Langevin eut un soubresaut de surprise, mais il fit signe à Tony de ne pas s'arrêter.

— Ah ça! morbleu, dit-il, quand celui-ci eut fini de raconter la scène qui s'était passée entre Maurevailles et lui dans le bois; ah ça! je comprends bien l'envie qu'ont eue ces messieurs de tuer ce pauvre Vilers, je comprends bien le désir qu'ils ont de s'emparer de sa veuve... mais toi, toi, mon petit Tony, que diable fais-tu dans cette affaire?

— Dame, mon colonel, puisque j'ai juré au marquis de Vilers mourant de le venger et de protéger sa veuve, il faut bien que j'accomplisse mon serment.

— Tu te feras massacrer, malheureux enfant!...

— Bah! mon colonel, est-ce qu'un garde-française doit craindre la mort?

— La mort en face, devant l'ennemi, pour son drapeau et pour la France, non, celle-là, on ne doit pas la craindre... Mais la mort par la main d'un lâche, d'un assassin, dans l'ombre, il faut la redouter. Et puis, mon ami, songe à ceux que tu aimes et que tu as laissés à Paris, attendant ton retour ; car si j'ai bon souvenir, tu es allé embrasser quelqu'un avant ton départ, n'est-ce pas?

— Oui, mon colonel, mame Toinon.

— Et qu'est-ce que mame Toinon? Ta mère?

— Non, mon colonel. Certes, je l'aime autant que si j'étais son fils; car elle a fait autant pour moi que si elle avait été ma mère véritable...

— Et où est-elle, ta mère véritable?...

Tony haussa les épaules et répondit tristement :

— Je n'ai jamais connu mes parents..

— Mais où as-tu été élevé?

— Je crois bien que c'est dans un petit village près de Paris.

— Qui te fait croire cela?

— C'est que je me souviens que mes premières années se sont passées à la campagne, chez des paysans et que la femme qui m'élevait allait à Paris souvent...

— Mais où était-ce? Parle, tu m'intéresses vivement.

— Ah! mon colonel, je n'en sais pas davantage...

Le marquis de Langevin, qui depuis un instant avait regardé attentivement Tony, s'était mis à marcher à grands pas et semblait en proie à une vive émotion.

— Voyons, cherche, tâche de te rappeler !... murmura-t-il sur un ton de prière. Tu as bien quelques souvenirs d'enfance... Dis-moi tout ce que tu sais. D'abord, comment étaient-ils, les gens qui t'ont élevé ?

— Ils étaient bien bons, mon colonel, voilà tout ce que je sais, répondit Tony, stupéfait de l'émotion du marquis.

— Mais cherche, cherche donc !... Il faut que tu te souviennes !...

— Mon colonel !...

— Il n'y a pas autre chose, un indice, un mot que tu te rappelles ?

Le marquis, en disant cela, avait saisi les mains de Tony.

— Alors ne vous moquez pas de moi, reprit l'enfant. Ne me dites pas que je vous fais un conte, mais il y a une chose qui s'est gravée dans mon esprit. Un soir, c'était encore au village... nous avions pris notre repas et ma mère nourricière me faisait faire ma prière. J'allais donc me coucher... Tout à coup, la porte s'ouvre brusquement, des hommes masqués font irruption dans la pièce où nous nous tenions. « Sauve-toi, ils veulent te tuer ! » me crie la brave paysanne, en se mettant entre les hommes masqués et moi. Épouvanté, je m'enfuis par une porte qui donnait sur le verger, mais non sans voir celui qui me servait de père renversé par ses agresseurs, blessé, sanglant... J'avais tout au plus six ans. Mais, s'interrompit Tony, qu'avez-vous, mon colonel?

— Moi, rien... rien... continue ! La route m'a fatigué. A mon âge, mon ami, cela n'a rien de surprenant. Mais reprends ton récit. Tu m'intrigues au plus haut point.

— Mon Dieu, mon colonel, il me reste bien peu de choses à dire... Éperdu, j'ai marché au hasard à travers champs, me dirigeant vers les lumières que j'apercevais au loin et qui étaient celles des barrières de Paris... j'arrivai dans la ville... je continuai à aller devant moi, jusqu'à ce que je tombasse de fatigue et de sommeil... C'est alors que cette brave et digne femme, mame Toinon, la fripière de la rue des Jeux-Neufs, prit pitié de moi, me recueillit, m'adopta... Mon colonel, vous chancelez ?...

En effet, le marquis de Langevin tremblait épouvantablement ; il était d'une pâleur mortelle ! Il passa la main sur son front, et murmura avec effort :

— Non, je n'ai rien... rien... tais-toi !...

Le colonel continua à regarder attentivement Tony, en semblant chercher sur ses traits une ressemblance... A la fin, il se remit et dit froidement, presque avec sécheresse :

— C'est bien, Tony. Vous resterez mon secrétaire et je me charge de vous. Je vous défendrai contre toutes les attaques, je confondrai ceux qui voudraient vous nuire...

Tony remarqua que le marquis de Langevin ne le tutoyait plus.

— Enfin, continua le colonel, je me mettrai aussi du côté de votre protégée, c'est mon devoir de gentilhomme et de Français, c'est mon devoir d'homme d'honneur... Si MM. de Lavenay, de Maurevailles et de Lacy trouvent que trop de distance sépare leurs épées de la vôtre, j'abrégerai celle qui est entre mon épée et les leurs...

Maintenant, allez, Tony, vous vous êtes pleinement justifié. Mais, avant de vous retirer, jurez-moi, puisque vous tenez si bien vos serments, que vous ne répéterez jamais à d'autres ce que vous venez de me dire et que vous oublierez que je vous ai interrogé.

Et, comme Tony levait la main, le colonel ajouta avec bonté, en le tutoyant de nouveau :

— Va, mon enfant, va !...

Tony sortit tout ému...

XII

LE PROTECTEUR DE LA MARQUISE

L'arrivée du régiment des gardes-françaises à Blérancourt contrariait singulièrement le comte de Mingréli.

En amenant Haydée au château, il avait espéré l'y soustraire à tous les regards.

Le château de Blérancourt était isolé, depuis longtemps inhabité ; il y avait donc peu de chances pour qu'on vînt y chercher la jeune femme, se disait le comte.

L'arrivée de Maurevailles et l'enlèvement de la marquise avaient été la première preuve de son erreur.

L'installation de Tony au château avait été la seconde.

De même que les Hommes Rouges, le magnat, en effet, n'avait point tardé à ressentir les effets du rôle pris par Tony dans ce drame enchevêtré.

Ce maudit gamin voyait tout, se mêlait de tout, était partout.

C'était évidemment d'après ses conseils que la marquise, devenue à bon droit méfiante depuis la terrible scène du soporifique, évitait de se trouver seule avec le misérable qui se faisait passer pour son père.

De plus, la présence de Tony l'avait singulièrement enhardie.

Le comte avait jugé convenable d'inviter le secrétaire du marquis de Langevin à s'asseoir à sa table pour le premier repas pris par lui à Blérancourt.

Mais ne voilà-t-il pas qu'au dessert la marquise dit à Tony :

— Vous nous honorerez, Monsieur, en partageant désormais tous nos repas.

— Mais non, avait bien essayé de dire le magnat, monsieur préférera certainement manger dans sa chambre.

— Du tout, avait répliqué la marquise, il est trop bon gentilhomme pour nous priver du plaisir de sa compagnie...

Et le magnat avait remarqué qu'elle ne mangeait, qu'elle ne buvait que lorsqu'il avait lui-même touché aux plats ou aux boissons. Il n'y avait donc plus de surprise possible.

La marquise, d'ailleurs, toute à sa douleur, n'avait guère la force de manger. De même, elle ne parlait que lorsque, par un mot, elle trouvait le moyen de se défendre contre le magnat.

Le pauvre comte allait avoir à lutter contre bien d'autres ennemis.

Maintenant ce n'était plus un seul des Hommes Rouges, c'étaient tous les trois qui connaissaient la retraite de la femme qu'ils aimaient.

Et tous trois venaient d'arriver à Blérancourt, suivis de leurs soldats... Que faire ?

Un instant, le comte se demanda s'il ne devait pas donner l'ordre d'atteler une chaise de poste et s'enfuir pendant la nuit avec Haydée pour gagner son château des bords du Danube.

Mais il réfléchit que la guerre était déclarée, et que, en route, il aurait à craindre d'être arrêté, retardé, rejoint par ses ennemis.

En demeurant tranquille, au contraire, il ne risquait rien. Tout ce qu'il avait à faire, c'était de veiller sur son trésor jusqu'au départ du régiment.

Le jour où les trois Hommes Rouges partiraient pour la bataille, il en serait peut-être débarrassé à jamais... Le mieux était encore d'attendre.

Cela admis, fallait-il cacher Haydée ?...

— Bah ! se dit le magnat, une femme n'est jamais mieux gardée que lorsqu'elle ne semble pas l'être !...

Et loin de dérober la marquise à tous les regards, il résolut de donner le soir même une fête aux officiers français et d'y montrer Haydée éblouissante de toilette et de beauté.

. . . .

Les gardes-françaises, avec cette insouciance qui caractérise nos troupiers, s'attendaient donc à passer la soirée la plus agréable du monde.

Les uns, étendus sur l'herbe un peu humide, fumaient leurs courtes pipes en causant de leurs campagnes passées et des nouveaux lauriers qu'ils allaient cueillir. D'autres, accroupis en cercle, jouaient sur un tambour leur partie de cartes ou de dés. Quelques joyeux conteurs ou des chanteurs à succès, comme chaque régiment en contient quelques-uns, charmaient un auditoire bénévole. De distance en distance, un vieux grognard nettoyait son mousquet terni par la pluie, astiquait ses buffleteries ou rajustait prudemment les courroies de son sac et les boucles de ses guêtres, petits détails importants quand on part pour une longue campagne.

Mais le plus grand nombre s'étaient rendus aux cantines, vidant gaiement des bouteilles à la santé de la France. La tente de maman Nicolo surtout était assiégée et, malgré l'aide de deux soldats, garçons improvisés, elle et sa fille, la charmante Bavette, ne pouvaient suffire aux pratiques.

Car, aussitôt après avoir promis à la marquise de lui faire embrasser Bavette, la fille naturelle du marquis de Vilers, Tony avait envoyé par un messager une lettre à La Rose.

— Cher camarade, lui disait-il en substance dans cette lettre, rendez-moi le service de demander immédiatement un congé de vingt-quatre heures. Retournez sur l'heure à Paris. Bon gré mal gré, obtenez de maman Nicolo qu'elle reprenne sa cantine. Et surtout amenez-nous Bavette.

La chose était encore bien plus facile que Tony ne pouvait l'imaginer.

Car le soir même du jour où elle avait vu partir les gardes-françaises, maman Nicolo, s'ennuyant déjà d'eux, qui constituaient d'ailleurs sa seule clientèle, avait fermé son cabaret, était partie pour Chantilly en compagnie de Bavette et avait supplié le marquis de Langevin de la laisser suivre le régiment.

Le marquis, si bon pour tous, n'avait point manqué de l'être pour elle ; il lui avait répondu :

— Il y a bien de l'occupation pour une cantinière de plus.

Et voilà dans quelles conditions maman Nicolo était rentrée aux gardes-françaises quelques heures après que Tony était parti vers Blérancourt.

Inutile d'ajouter que, le soir où nous sommes, sous la tente de maman Nicolo se trouvaient le gascon La Rose et le Normand, son fidèle ami, qui, assis devant un bloc de chêne, transformé en table, devisaient des choses de l'ancien temps.

Tout à coup un jeune caporal fendit la foule des buveurs, non sans provoquer maintes récriminations, dont, du reste, il parut médiocrement se soucier. Il arriva jusqu'à l'endroit où trônait maman Nicolo et lui dit rapidement :

— Venez, j'ai à vous parler... Il s'agit du marquis de Vilers.

La cantinière devint écarlate. Ce nom avait produit sur elle un effet prodigieux.

— Et qu'as-tu à me dire, petit ? demanda-t-elle en se rapprochant de lui.

— Vous étiez son amie, n'est-ce pas ?

— Oui, et une amie dévouée, je puis m'en vanter.

— Vous saviez qu'il était marié ?

— Il me l'a dit lui-même, le jour où il est venu apporter au colonel sa démission. Le capitaine savait que maman Nicolo était une brave femme... ajouta-t-elle d'une voix sombre.

— Et vous n'avez pas de haine contre sa femme ? interrogea Tony, en regardant fixement la cantinière.

Maman Nicolo devint pourpre, mais elle soutint le regard.

— Petit, dit-elle, tu m'as l'air d'en savoir bien long pour ton âge. Si tu veux me faire causer, tu perds ton temps. Il faut avoir plus de barbe au menton que tu n'en possèdes pour me tirer les vers du nez.

— Je ne vous demande pas vos secrets, maman Nicolo, dit Tony en souriant. Mais je voudrais savoir si, au besoin, vous voudriez rendre un service à la marquise ?

— Ah ! la pauvre chère âme ! s'écria la vivandière, si elle a besoin de moi, qu'elle le dise. Vertuchoux, mon petit, il y a quelque chose de bon là, vois-tu !

Et la brave femme tout émue appliqua un vigoureux coup de poing sur son corsage rebondi.

— Eh bien, maman Nicolo, dit Tony, madame de Vilers est ici...

— Ici !!!

— Et elle court un grand danger...

— Ah ! vertuchoux ! et tu ne disais pas cela tout de suite ! Par saint Nicolas, mon patron, maman Nicolo vaut un homme au besoin... les mauvais gars du régiment en savent quelque chose. Parle, mon camarade, parle vite. Que faut-il faire ?

Et Tony répondit à la brave cantinière :

— Ce qu'il faut faire ? Rien, que venir avec votre fille auprès de la marquise, pour la consoler et la garder, pendant que je n'y serai pas.

— Antoine ! Baptiste ! cria d'une voix de tonnerre maman Nicolo à ses deux garçons, houp ! mes enfants, fermons la cambuse. Et vous, mes agneaux, reprit-elle en s'adressant aux buveurs abasourdis, nous ne sommes pas ici en garnison. Si le colonel savait qu'on s'amuse à boire, il ferait un beau tapage. Allons, au galop, le dernier coup et videz la place ! N, I, ni, c'est fini !

Et, disant cela, la vivandière poussa vigoureusement ses pratiques et les éloigna de son comptoir improvisé. En un clin d'œil, les abords de la tente furent libres.

XIII

MAMAN NICOLO

Seuls, La Rose et le Normand n'avaient pas quitté leur bloc de bois. Les éclats de voix de la vivandière avaient attiré leur attention. Ils s'étaient demandé :

— Qu'a donc maman Nicolo, ce soir ?

Puis, remarquant la présence de Tony, La Rose avait dit :

— C'est le petit caporal... Il doit y avoir du nouveau...

— Oui, du nouveau.

C'était le Normand qui continuait son rôle d'écho.

Et quand maman Nicolo, Bavette et Tony passèrent se dirigeant vers le château, La Rose se leva et toucha du doigt l'épaule du caporal.

Tony se retourna.

— Si tu as besoin de quelque chose, camarade, dit La Rose, tu sais qu'il y a ici un homme sur lequel tu peux compter...

— Deux hommes, fit le Normand.

— Et si tu désirais...

— Nous désirons que vous tourniez les talons et que vous ravaliez un peu votre langue ! interrompit vivement maman Nicolo avec colère.

— Laissez, dit Tony ; à un moment donné, deux braves cœurs et deux bonnes épées ne sont pas de trop. Mais, pour l'heure présente, mes amis, je vous remercie. Quand j'aurai besoin de vous, je saurai où vous trouver.

Il serra la main aux deux gardes-françaises et partit avec maman Nicolo et Bavette.

. . . .

Haydée était seule, absorbée par sa douleur.

Au dîner, le magnat lui avait annoncé que, à à l'occasion du passage des gardes-françaises, il donnait une grande fête et lui avait intimé l'ordre formel d'y assister avec sa sœur Réjane, qui depuis son arrivée, d'ailleurs, ne la quittait ja-jamais.

Assister à une fête, quelques jours après qu'elle avait appris la mort de son époux, pour lequel elle s'était sacrifiée !

Et s'y retrouver en face de ces Hommes Rouges, de ces officiers dont l'amour lui avait été si fatal, qui n'avaient pas renoncé à l'espoir de s'emparer d'elle, et dont l'un était le meurtrier de son mari !

Être exposée peut-être à tomber entre leurs mains !

Et de nouveau Haydée songea à abandonner une vie dont l'avenir lui apparaissait si sombre et si terrible.

Ce fut à ce moment que Tony entra, suivi des deux femmes qu'il amenait auprès d'elle.

Dès le premier regard, une sympathie profonde s'établit entre Bavette et la marquise de Vilers...

Nous avons dit que Bavette était tout le portrait du marquis.

Sans songer à se contenir, la pauvre veuve attira sur son sein la fille de maman Nicolo et la couvrit de baisers.

— Elle sait tout ! pensa la cantinière qui, en sa qualité de femme, ne pouvait s'y tromper et n'en prodigua que davantage à Haydée les témoignages d'amitié et les consolations.

La marquise lui raconta alors le nouveau coup qui la frappait, l'ordre que lui avait donné le magnat d'assister à la fête qui allait avoir lieu dans quelques heures...

Une fête au moment où elle pleurait son mari !...

Mais tout à coup, emportée comme malgré elle, maman Nicolo s'écria :

— Et qui vous dit qu'il soit mort ?...

L'effet de ces paroles fut magique.

Un flot de sang monta du cœur aux joues de la marquise qui abandonna Bavette pour saisir les deux mains de la vivandière :

— Que dites-vous ? Oh ! répétez, répétez ce que vous venez de dire !...

Maman Nicolo se mordait les lèvres.

— Je veux dire, balbutia-t-elle, que tant qu'on n'a pas vu par soi-même, on ne doit pas se désespérer...

— Vous savez quelque chose ?..

— Mon Dieu... je ne voudrais pas vous donner un faux espoir pourtant...

— Oh ! Madame, je vous en supplie...

— Eh ! jour de Dieu, tant pis ! s'écria la cantinière, il ne sera pas dit que maman Nicolo sera restée le cœur sec en présence d'une petite femme comme vous ! Avez-vous un endroit où on puisse causer sans crainte d'être entendu ?

La marquise entraîna les deux femmes dans un petit boudoir capitonné, en ferma soigneusement l'unique porte et dit :

— Maintenant, parlez.

XIV

BAVETTE

Nous avons vu, à Paris, au cabaret de la *Citrouille*, le Gascon La Rose et le Normand froncer les sourcils quand maman Nicolo et Bavette étaient revenues de leur course mystérieuse.

Si vive que fût l'amitié qui liait le Gascon et la vivandière, celle-ci avait refusé de dire à son vieux camarade où elle s'était rendue.

Or, la confidence que ne put jamais obtenir le parrain de Bavette, la marquise allait l'entendre.

— Je vous en supplie, parlez, fit-elle encore en serrant dans ses mains brûlantes les mains potelées de maman Nicolo.

— Ah ! j'en ai gros à dire, soupira la brave femme. Et c'est la première fois que ça va sortir de là, ajouta-t-elle en dégageant une de ses mains pour frapper sur le sein qui avait inspiré au Gascon et au Normand tant de désirs irréalisés.

Donc, il y a que, dans les cabarets on apprend beaucoup de choses. Sans compter que Bavette, tout en jacassant, vous délie toutes les langues. C'est comme ça que j'ai su que votre mari était mort...

A ce mot répondit un sanglot de la marquise.

— Eh ! ne pleurez donc pas, reprit la vivandière, puisque je vous dis que ce mort-là est peut-être aussi vivant que vous et moi.

— Oh ! par grâce, achevez.

— Je ne suis là que pour ça. Dès que j'ai eu connaissance du fameux duel et de sa terminaison : « Mets ton bonnet, Bavette, » que j'ai vite glissé à l'oreille de cette petite-là. Et nous voilà parties. J'avais mon idée. Nous arrivons à votre hôtel, où que je demande tout doucement M. Joseph, qui me connaissait bien. Plus d'une fois, il m'avait apporté, de la part de son maître, de petits cadeaux pour Bavette, que votre pauvre ami aimait bien. Il paraît même que ça lui faisait de la peine que vous ne lui ayez pas donné une petite Bavette.

M. Joseph vient. Il était tout en larmes.

— Ah ! mon Dieu ! que je me dis, c'est donc bien vrai pour lors !

Il me raconte tout. Comme quoi, vous aviez été enlevée par le vieux singe qui est le seigneur d'ici ; comme quoi, il a enterré tout seul avec Tony son pauvre défunt maître.

Naturellement je pleure avec lui, et puis une

idée me vient. Vous allez comprendre ça, ma bonne dame.

Sur mon père et sur ma mère, qui étaient de braves gens, je vous jure que je n'avais jamais révélé à cette petite-là le secret de sa naissance. Non. Son père vivait. On ne compromet pas comme ça les gens qui sont au-dessus de vous.

Mais puisqu'il était mort!!! Je ne vous connaissais pas, moi! Et puis, au fond, ça m'ennuyait de faire croire à cette enfant qu'elle n'avait pas de père. Je dis à M. Joseph :

— Il n'y a plus à faire les mystérieux maintenant. Allons au cimetière.

Il nous y conduit. Il ouvre la porte de la petite chapelle où on vous met, vous autres. Moi, je ferme avec soin la porte. M. Joseph nous fait descendre une dizaine de marches. Il y avait une petite lumière qui brillait dans le caveau. C'était lui-même qui l'allumait, le matin. Cette lumière-là tombait en plein sur une bière toute neuve, devant laquelle le pauvre M. Joseph s'agenouille et pleure...

La marquise, haletante, la bouche ouverte, les yeux hagards, ne pleurant plus maintenant, tant elle était anxieuse, semblait aspirer avec tout son être chacun des mots de la vivandière.

Maman Nicolo continuait :

— A la vue de cette bière-là je me tourne vers la petite et je lui dis :

— Bavette, ton père est là depuis hier. Ah!

voilà-t'y pas que, en entendant cela, l'enfant devient folle. Elle se roule sur la bière. Et des cris! Je m'efforce de la calmer. Mais c'était une furie.

— Pauvre ange ! fit la marquise en pressant contre son cœur la chère enfant. Tu seras ma fille, va.

— Dans notre métier, reprit maman Nicolo, on a toujours un couteau dans sa poche. Vous imagineriez-vous qu'elle a tiré le sien ! Nous nous disions : « Oh! mon Dieu, elle est malade. Elle va se tuer ! »

Et puis nous essayons de le lui arracher des mains. Je suis solide, n'est-ce pas ? Je suis ce qu'on appelle une forte commère. Je n'aurais peur ni de La Rose, ni du Normand, ni de dix autres avec. Eh bien, à nous deux, M. Joseph et moi, nous n'avons jamais pu venir à bout de cette mâtine-là. Elle était en fer, quoi. Mais ce n'était pas à se tuer qu'elle pensait.

Tout à coup, elle se penche sur la bière. Elle entre son couteau sous le couvercle.

— Je le verrai, dit-elle. J'embrasserai mon père.

— Un sacrilège! s'écrie ce bon Joseph.

— Un sacrilège? qu'elle répond... Vous allez voir qu'elle mérite bien son nom de Bavette. Est-ce que nous venons pour mutiler, pour voler, pour profaner ?

Et elle fait une pesée. Elle vous avait la force d'un levier. Le bois crie...

Ce grincement produisait un effet épouvantable sur le pauvre M. Joseph, qui croyait entendre se plaindre le mort lui-même. Il s'écrie :

— Arrêtez, arrêtez donc, malheureuse enfant. Ah ! ouiche !

Aussitôt le couvercle se soulève; il laisse un large jour entre lui et les montants de la bière.

Elle vous empoigne le couvercle à deux mains et l'arrache violemment.

— Terrifiée, continua maman Nicolo, je regardais faire Bavette...

Chose étrange, on avait recouvert le corps de terre...

— Qu'est-ce que cela signifie ? s'écrie le pauvre M. Joseph. Cependant, d'après la hauteur du corps et la place qu'il devait tenir dans la bière, la couche de terre ne pouvait être épaisse.

La petite, tout à coup calmée, se met à l'enlever avec précaution.

M. Joseph, qui peu à peu s'était enhardi, en arrive à l'aider.

La couche de terre diminuait et le corps du marquis n'apparaissait pas. Avec une ardeur dont je ne me serais jamais doutée, M. Joseph, qui maintenant n'employait plus les précautions de tout à l'heure, plongea dans la terre sa main.

Elle rencontra le fond du cercueil...

Le cercueil était plein de terre !

— Ah ! s'écria M. Joseph, mon maître n'est pas mort !... Il y a là un nouveau mystère !...

Puis il réfléchit et nous dit :

— Silence ! S'il y a un mystère, peut-être le marquis y consent-il ; peut-être est-ce lui qui l'a voulu ! Respectons ce que nous avons le devoir de considérer comme sa volonté. Il faut laisser croire à ses ennemis qu'ils n'ont plus à le redouter. Rentrez à votre cabaret et agissez pour tous comme si vous étiez persuadées de sa mort. Quand le marquis jugera bon de reparaître, je vous promets que vous l'embrasserez.

— Je vous le promets aussi, s'écria la marquise, qui savait bien qu'elle ne pouvait pas être jalouse de maman Nicolo.

Et pressant de nouveau Bavette contre son cœur :

— O ma fille, dit-elle, combien je te remercie et je t'aime !

XV

LE CONCILIABULE

La fête donnée par le comte de Mingréli aux officiers des gardes-françaises était splendide. Le magnat avait voulu montrer que, même en pays perdu et malgré les difficultés de l'improvisation, il lui était possible de lutter avec les spendeurs longuement préparées et chèrement payées des fêtes de Versailles.

Comme pour lui venir en aide, le temps avait changé. Un froid sec avait remplacé la pluie, et du campement les soldats pouvaient à loisir jouir du coup d'œil féerique que présentaient le parc et les jardins magnifiquement illuminés.

Les officiers étaient réunis autour du colonel de Langevin dans la grande salle de réception dont les boiseries un peu délabrées étaient habilement masquées par de riches tentures. En face d'eux, le comte ayant à ses côtés *ses deux filles,* Haydée et Réjane, semblait rajeuni de dix ans.

En sa qualité de secrétaire ou plutôt de favori du marquis de Langevin, Tony avait obtenu la faveur marquante d'assister à la réception. Mais sa situation de simple caporal ne lui permettant pas de se mêler au groupe brillant des gentilshommes, il se tenait immobile près de la porte, son tricorne sous le bras droit et la main gauche sur la garde de son épée.

Il était charmant ainsi, plein d'une coquette crânerie, et bien des officiers brodés d'argent eussent envié la galante façon dont il portait son simple uniforme de drap blanc à revers bleus.

Mais tout en se tenant modestement à part, Tony observait ce qui se passait et surveillait surtout Maurevailles, Lacy et Lavenay qui venaient d'aller saluer le magnat et la marquise.

A la vue de Maurevailles, le magnat n'avait pu réprimer un froncement de sourcils involontaire, Haydée avait pâli, Réjane était devenue toute rose.

Tony seul remarqua cela.

— Hé ! hé ! se dit-il, aurais-je encore de la besogne cette nuit ?

Et il se promit de surveiller, plus attentivement que jamais, les faits et gestes des Hommes Rouges.

Cependant, après les présentations d'usage, les officiers s'étaient dispersés à droite et à gauche, et formaient des groupes de causeurs. Il n'y avait pas là, malheureusement, comme à Fraülen, ces essaims de jeunes femmes qui donnaient aux fêtes tant d'attrait, mais le magnat allait de groupe en groupe, suivi de la marquise et de Réjane qui, faisant contre fortune bon cœur, distribuaient aux invités leurs plus gracieux sourires.

Tony remarqua même avec un certain étonnement que les yeux de Haydée brillaient d'une joie trop vive pour être factice. La veuve du marquis de Vilers était-elle déjà consolée ?

Et Tony se sentit froid au cœur à cette pensée.

Les serviteurs muets du comte, revêtus de leurs costumes hongrois qui tranchaient nettement sur les uniformes français et donnaient à la fête un caractère particulier, faisaient circuler des rafraîchissements. Le jeune secrétaire du marquis de Langevin profita du moment où personne ne le regardait pour s'esquiver et se diriger du côté de la serre, où il avait vu Maurevailles, Lavenay et Lacy se rendre l'un après l'autre.

Cette serre, où le magnat avait réuni des fleurs d'hiver pour Haydée, était éclairée par une simple guirlande de bougies ; mais dans la demi-obscurité qui y régnait, Tony reconnut parfaitement ses trois ennemis. Il observa, en se glissant derrière les bouquets d'arbustes, que, à ce jardin d'hiver, était contiguë une autre serre, qui n'était séparée de la première que par un treillage et qui n'était pas du tout éclairée.

Pénétrant dans ce « retiro » ombreux, il vint s'appuyer contre le treillage, l'oreille tendue.

Les Hommes Rouges étaient à trois pas de lui...

— Maurevailles a raison, il faut en finir, disait Marc de Lacy.

— En finir, je le veux bien, mais comment ? Nous ne pouvons pourtant pas l'emmener avec nous d'étape en étape jusqu'en Flandre ! répondit une voix que Tony reconnut être celle de Gaston de Lavenay.

— Mon cher, la laisser ici, c'est la perdre !

— Eh ! non ; c'est la garder. Voyez comme le magnat la suit des yeux. Il veille sur elle pour nous, comme au temps jadis.

— Mais s'il en abuse !... s'écria Lacy. Tu sais bien ce qu'a vu Maurevailles... Qui te dit que demain, cette nuit, peut-être, au sortir de la fête...

— C'est vrai, fit Lavenay en baissant la tête. Cet homme n'est plus le père, le tuteur auquel autrefois nous pouvions laisser sa pupille, en attendant le moment de l'enlever. C'est un rival, un rival dangereux que je redoute et que je hais. Car, vous l'avouerai-je, messieurs, depuis que j'ai revu la comtesse, je l'aime encore mille fois plus.

— Moi aussi, s'écria Lacy.

— Et moi, dit Maurevailles d'une voix sourde, il y a des instants où je serais presque tenté de pardonner à ce pauvre Vilers...

— Vilers était un traître, dit gravement Lavenay. Il été justement puni. Mais il ne s'agit pas de revenir sur le passé ; il faut préparer l'avenir, le temps presse.

— Quel est ton projet ? demanda Maurevailles.

— Je ne sais. Toi d'abord, que penses-tu faire ?

— Avant tout, nous devons cette fois parvenir à enlever la marquise. Quand nous l'aurons, il sera temps de décider.

— Non pas. Il faut tout régler aujourd'hui, dit Lacy, et si vous voulez m'en croire...

— Que feras-tu ?

— Le marquis de Langevin, notre colonel, ne me refusera pas un congé de quelques jours...

— Un congé ? Au moment où l'on est en marche pour la guerre ! Tu rêves...

— Je ne rêve pas. Ma famille habite à quelques heures de Nancy, sur la route même que nous aurons à suivre. Il faut six à huit jours à nos hommes pour s'y rendre à pied. Mon cheval m'y conduirait en moitié moins de temps. Je puis donc demander de précéder le régiment et d'aller embrasser ma mère en attendant votre arrivée.

— C'est vrai ; comme cela, ce serait possible.

— Au lieu d'aller voir ma mère, je conduis la marquise en lieu sûr, et pourvu qu'en arrivant à Nancy le colonel me voie arriver à sa rencontre, ni lui ni d'autres ne se douteront de rien.

— Morbleu ! tu as raison, s'écria Lavenay. Mais, au moins, au nom du serment qui nous lie, tu n'abuseras pas de la confiance que nous mettons en toi?

— *Tous pour un, un pour tous,* dit Lacy. Que j'aie le sort de Vilers si, comme lui, je manque à mon serment.

— Eh ! par le diable ! dit Lavenay, je consentirais à être tué comme lui, au bout de quatre ans, au prix du bonheur qu'il a goûté pendant ces quatre années. Ta parole de gentilhomme, Lacy?

— Sur mon honneur, je jure de vous la rendre telle que vous me l'aurez confiée. Et maintenant, à tout prix, quoi qu'il en coûte, dussions-nous verser des flots de sang, il faut qu'elle soit à nous cette nuit.

— Nous n'aurons pas besoin de verser le sang, dit Maurevailles, je vous ai dit que j'ai des intelligences dans la place.

Donnez-moi seulement un quart d'heure. Toi, Lavenay, vois si le magnat continue à surveiller la marquise ; toi, Lacy, va demander ton congé au colonel de Langevin ; moi, je vais décider mon homme, celui qui, dans quelques instants, à la fin de la fête, nous conduira sans difficultés et sans danger, à la chambre de la belle Haydée.

— Mais où nous retrouverons-nous ?

— Dans les fossés du château, à l'endroit où le tonnerre a jeté un tronc d'arbre, dans une heure.

— Soit, où tu dis, dans une heure !

. . . .

Les trois officiers sortirent. Tony resta seul atterré.

— Que faire, se demandait-il, pour sauver la marquise ?

Prévenir le magnat ? C'était l'inviter à redoubler la surveillance dont Haydée était l'objet ; c'était s'enlever à lui-même les moyens de lui venir plus tard en aide.

Aller avertir le marquis de Langevin ? N'était-ce pas un peu tôt l'initier à ses affaires intimes et s'exposer à compromettre un appui qui pourrait devenir précieux ?

Ah ! combien Tony regrettait de ne pas avoir accepté l'offre que le gascon La Rose et le Normand lui avaient faite de venir avec lui...

— Eh ! mais, pensa-t-il tout à coup, j'ai devant moi une heure. En une heure on entreprend bien des choses. Que ne vais-je les prévenir ?

Et il courut à toutes jambes chercher ses deux amis.

En le voyant arriver tout essoufflé, les braves gens ne demandèrent pas d'explications ; ils bouclèrent leur ceinturon et le suivirent.

Tony les conduisit sans mot dire jusque dans la cour du château, où, à la faveur de la fête, ils purent pénétrer sans être remarqués.

— Attendez-moi là un instant, leur dit-il.

Il courut vivement à l'appartement de la marquise où étaient restées Bavette et maman Nicolo,

En quelques mots, il les mit au courant de la situation.

Les deux femmes jurèrent qu'on n'arriverait à la marquise qu'en passant sur leurs cadavres.

— Du reste, ajouta Tony, je connais le lieu de réunion des Hommes Rouges, et j'y serai avant eux. Ils ont un secret que j'ignore pour pénétrer dans les souterrains par où M. de Maurevailles a déjà une première fois enlevé madame de Vilers. Ce secret, grâce à eux, je vais le connaître, et qui sait? peut-être profiterons-nous de la trame qu'ils ont ourdie.

— Prenez garde, monsieur Tony, s'écria Bavette tout émue à l'idée du danger qu'allait courir le jeune caporal. Le vieux seigneur a dû prendre des précautions terribles... Si vous alliez tomber dans un piège...

— Que voulez-vous dire ?

— Il doit avoir, comme vous, remarqué que les Hommes Rouges avaient quitté la fête ; car tout à l'heure il a fait demander son intendant, et pourtant il lui avait d'abord donné l'ordre de ne pas perdre de vue les appartements où nous sommes. Ma foi, je n'ai pas eu peur de m'attirer une mauvaise aventure ; j'ai été sur la pointe du pied jusqu'au bout du couloir...

— Eh bien ?...

— Eh bien, j'ai vu un grand nombre de muets se poster, le pistolet au poing, dans le grand corridor qui est au bout, prêts à obéir au premier signal. Tous ceux qui servent dans la salle de réception ont une arme à la ceinture. Il paraît qu'il est très féroce, ce vieux seigneur-là. Si la moindre alerte allait amener un massacre général !...

— Bah ! il n'y aura pas d'alerte. Tout, pour le moment, doit se passer entre nous et les Hommes Rouges ; ils sont trois, nous serons trois. La Justice est de notre côté. Dans une heure, la comtesse n'aura plus rien à craindre d'eux.

— Et si le cliquetis des armes attire l'attention des serviteurs du comte ?...

— Qu'importe ? La partie est engagée, il est trop tard pour reculer. Maman Nicolo, Bavette, une dernière poignée de main.

— Ah ! jour de Dieu, mieux que cela, mon garçon, s'écria la cantinière. Laisse-moi t'embrasser, c'est de bon cœur, et embrasse aussi Bavette. Moi, sa mère, je t'y autorise...

Bavette tendit la joue, rouge comme une cerise.

En y appuyant ses lèvres, Tony éprouva une sensation étrange, qu'il ne connaissait pas encore. C'était son jeune sang qui affluait à son cœur.

Mais il secoua brusquement la tête, et courant de nouveau, rejoignit ses deux amis, La Rose et le Normand, qui l'attendaient dans la cour.

— Camarades, dit-il, il va falloir en découdre cette nuit. Ceux qui ont tué le capitaine de Vilers s'attaquent à sa veuve. Elle, nous la sauverons. Lui, il faut le venger.

— Il faut le venger ! répéta le Normand.

— Et, sacredioux, tu peux compter sur nous pour cela, s'écria le Gascon. Mais où sont-ils, nos adversaires ?

— Nous allons les attendre à leur lieu de rendez-vous... Venez.

XVI

DANS LES FOSSÉS DU CHATEAU

Dix minutes après, Tony, La Rose et le Normand étaient échelonnés non loin de l'endroit désigné par Maurevailles.

Chacun des humbles défenseurs de la marquise s'était posté de son mieux pour se dissimuler dans l'ombre et voir sans être vu.

Ramassés sur eux-mêmes, prêts à bondir, — l'épée nue cachée le long de la cuisse, — ils guettaient, le cou tendu, les yeux sondant les ténèbres, retenant leur haleine pour mieux entendre.

L'ordre donné était bien simple : surprendre un à un ou ensemble les trois alliés, les terrasser sans leur donner le temps de se reconnaître, bâillonner Lavenay et Lacy avec des mouchoirs préparés dans ce but et obtenir de Maurevailles le secret de l'entrée du souterrain.

Dans le cas où on ne pourrait se rendre maître d'eux sans bruit, — tuer !

Donc, ils étaient là depuis quelques minutes, lorsqu'un pas rapide se fit entendre du côté du Normand.

Un homme s'avançait.

Quand il arriva en face du soldat, celui-ci s'élança sur lui...

L'homme fit un bond en arrière et tira vivement son épée dont la lueur brilla dans les ténèbres.

— Manqué ! grommela le Normand avec regret. Ma foi, tant pis pour lui. Il faut le tuer !...

Et, l'épée haute, il attaqua.

L'inconnu para vivement en s'écriant :

— J'en tiens un !...

— Nous allons bien voir, dit le Normand en portant un vigoureux coup de seconde qui, malgré la parade, alla trouer le manteau rouge, que l'homme avait rejeté sur son épaule gauche.

— Oh ! cette voix ! s'écria l'inconnu. Le Normand, c'est toi ?

— Vous savez qui je suis ? Tant pis. Raison de de plus pour que je vous tue.

— Mais tu ne me reconnais donc pas, toi ?

— Si, parbleu, vous êtes officier. Mais qu'importe ? Ici, il n'y a plus ni officiers, ni soldats. Nous sommes deux hommes, dont l'un va tuer l'autre... Et l'autre, ce sera vous, car il faut que je venge la mort de mon brave capitaine.

Le Gascon n'était plus là, le Normand se rattrapait en parlant pour son propre compte.

Mais cela ne semblait point lui réussir, car il se tut brusquement.

Son épée, liée par celle de l'inconnu, venait de voler à dix pas.

Cependant l'homme, au lieu de frapper, le saisit par le bras et murmura un mot à son oreille.

— Vous ! vous !! vous !!! s'écria par trois fois le garde-française abasourdi, vous, monsieur le...

— Chut, dit l'inconnu en l'embrassant. Il est des noms qu'il ne faut pas prononcer trop haut. Et, maintenant, mon brave, dis-moi, que faisais-tu-là ?

— J'attendais trois hommes qui doivent passer par ici pour enlever de force la marquise de Vilers. En voyant le manteau qui vous enveloppe, je vous avais pris pour l'un d'eux.

— Eux, toujours eux ! L'enlever ! Je ne m'étais donc pas trompé ! fit l'inconnu agité. Mais tu n'es pas seul ?

— Non, parbleu ? La Rose est là-bas. Vous savez bien, le Gascon, langue bavarde, mais fine lame. Ce n'est pas lui que vous auriez, malgré votre habileté, désarmé par un liement comme vous avez fait pour moi. Là-bas encore, plus loin au coude, il y a le petit Tony... un vrai lapin, celui-là, qui donnerait du fil à retordre à son adversaire. On dirait qu'il est né avec une épée emmanchée au bout du bras...

Cependant La Rose avait vu de sa place le duel. Tant qu'il avait entendu le bruit des lames, il n'avait pas bougé ; mais quand le fer du Normand décrivit dans l'ombre un cercle lumineux, il ne put retenir un énergique sacredioux ! et fit un pas en dehors de sa retraite.

Que l'on juge de sa stupéfaction, lorsqu'il vit les deux adversaires se jeter dans les bras l'un de l'autre !

— Par tous les diables, dit-il, cet imbécile de Normand est fou. Sa grosse tête a perdu le peu de bon sens qui lui restait.

Et il s'avança vivement vers le groupe.

En le voyant arriver, l'inconnu souleva avec intention le chapeau à larges bords rabattu sur son visage. La demi-clarté de la lune d'hiver l'éclaira...

— Ah ! s'écria le Gascon. Vous ici, vous ! Et en chair et en os !

— Moi, mon bon La Rose ; moi qui viens dans le même but que vos Hommes Rouges, dont j'ai pris le costume. Me combattras-tu comme eux ? dit l'inconnu en souriant.

Le Gascon, croyant rêver, se frottait les yeux. L'homme au manteau reprit :

— Assez de temps perdu. Ce secret que vous vouliez arracher à vos ennemis, je le possède...

— Vous connaissez l'entrée des souterrains ?...

— Voilà une heure que je tiens ce secret d'une espèce de nain difforme qui, trompé comme vous par mon costume, a cru reconnaître M. de Maurevailles, et m'a, de lui-même, ouvert l'entrée.

— Mais ce nain pourrait vous trahir ?

— Il est solidement attaché à l'arbre que tu vois là-bas. Mais agissons vite ! Puisqu'ils veulent enlever la marquise, il faut les devancer. La Rose, va chercher ton camarade, et, maintenant, du silence et de l'action. Et l'inconnu se dirigea vers une petite ouverture noire et béante.

— Quoi, c'est là qu'il faut entrer ? dit le Normand hésitant.

— C'est là.

— Avez-vous de la lumière, au moins ?

— Non.

— Ça ne fait rien. Voilà La Rose.

Le Gascon arrivait, suivi de Tony.

— La Rose, fit le Normand, allume ton rat-de-cave. Le Gascon battit le briquet et obéit à son camarade.

— Maintenant, partageons-nous les rôles, reprit l'inconnu. Toi, Normand, garde cette entrée avec ton jeune ami. Les Hommes Rouges ne vous soupçonnant pas là, il vous sera facile de les repousser dès qu'ils se présenteront. Toi, La Rose, viens avec moi.

— Comment donc ! Et devant !

Et, d'un bond, le Gascon s'élança dans le couloir. L'inconnu eut même de la peine à le suivre.

. . . .

La fête étant terminée, la marquise était rentrée avec Réjane dans la chambre où nous savons que maman Nicolo et Bavette l'attendaient.

Quand elles lui eurent raconté ce que Tony était venu leur annoncer, son effroi fut immense.

Vingt fois, durant cette soirée, Haydée avait été sur le point d'échapper au magnat et d'aller se jeter aux pieds du marquis de Langevin pour le supplier de l'arracher à son tyran.

Mais Bavette avait trouvé le moyen de lui parler des formidables préparatifs de défense du vieux Hongrois, et la peur d'une lutte l'avait arrêtée.

Si, dans cette lutte, un des Hommes Rouges avait profité du tumulte pour l'emporter !...

Elle avait peur d'eux, encore plus que du comte.

Puis, peu à peu, les officiers s'étaient retirés, et le comte l'avait ramenée chez elle.

Et voilà que maintenant Bavette et sa mère lui apprenaient qu'une tentative allait être faite contre elle et qu'une nouvelle bataille allait s'engager entre Tony et ses persécuteurs !

Si cette fois Tony allait succomber !...

Telle était la situation perplexe de la marquise, quand tout à coup des pas précipités retentirent dans le couloir que masquait le tableau.

La marquise frémit.

— Avant de trembler, s'écria courageusement Réjane, sachons ce qu'il en est.

Et la jeune fille, au grand étonnement de la marquise, ouvrit d'elle-même ce tableau que nous lui avons vu refermer derrière Maurevailles.

La marquise aperçut la bonne figure de La

Rose, poussa un cri de joie et s'élança vers le brave soldat comme vers un libérateur...

Mais à dix pas derrière le Gascon, dans la nuit du couloir, marchait un second personnage, et l'insuffisante lumière que le soldat tenait à la main ne laissait voir de ce personnage qu'une chose, le manteau rouge qu'il portait sur ses épaules, l'odieux signe de ralliement qu'elle avait appris à tant redouter.

Elle crut comprendre la terrible vérité. Tony et ses amis avaient été tués. Les Hommes Rouges venaient recueillir le prix de leur victoire.

Elle s'élança vers la porte et l'ouvrit violemment.

— Au secours ! cria-t-elle, à moi, comte, à moi ! Maurevailles veut...

Elle n'acheva pas. Comme un ouragan, les muets, l'arme au poing, avaient déjà fait irruption dans la pièce. Le magnat renversa La Rose qui barrait le passage du couloir et s'élança, suivi de ses sbires, à la poursuite de l'inconnu au manteau rouge, qui ne pouvait lutter seul contre une telle avalanche.

— Ah ! s'écria La Rose en se relevant tout meurtri, qu'avez-vous fait, madame ?... Vous venez de condamner à mort mon capitaine... votre mari... le marquis de Vilers !...

La marquise poussa un cri déchirant et tomba évanouie.

Dans le passage secret, la poursuite continuait !

XVII

LE MORT VIVANT

C'était bien, en effet, le marquis de Vilers et nos lecteurs l'ont déjà reconnu.

On se rappelle que Tony, en pénétrant dans le caveau des morts au Châtelet, avait dit au gardien que l'homme qui était là, sur la dalle, était un marquis.

Ce mot avait frappé le gardien, et surtout, sa femme.

Un marquis, un homme probablement très riche, sur les dalles de pierre du caveau, cela ne se voyait pas tous les jours.

La pâture habituelle des curieux qui allaient voir les cadavres ne se composait guère que de pauvres diables morts de misère, tués accidentellement dans leur travail ou recueillis dans la Seine...

Le peuple seul allait à la Morgue ; c'était une bonne fortune inouïe que d'y loger un marquis.

La gardienne n'y put tenir, elle voulut voir de près son locataire, et, décrochant sa lampe, elle s'approcha de la dalle.

Le marquis était là, inerte, les yeux fermés, semblant dormir.

— Pauvre garçon, dit la gardienne. Il n'avait pas l'air méchant, au contraire. Quel dommage !...

Ce mort ne lui faisait pas l'effet des cadavres ordinaires, affreux, hideux, repoussants. Elle prenait plaisir à le regarder.

— C'est certainement pour quelque affaire de femme qu'il aura été tué, se disait-elle. Ce joli garçon-là devait avoir plus d'une bonne fortune avec les belles dames de la cour... Quel air distingué ! Quelles petites mains pour sa taille...

Sans y penser, la gardienne s'était penchée et avait pris dans la sienne la main du marquis.

Chose étrange ! cette main n'était pas glaciale comme celle des autres morts ; elle conservait encore quelque reste de chaleur.

Tout à coup la gardienne laissa tomber sa lampe et poussa un cri terrible.

— Seigneur Dieu ! dit-elle, il a remué !...

A ce cri, son mari accourut effaré, la croyant folle.

Mais elle avait toute sa raison ; le marquis avait remué, en effet.

Il était maintenant sur son séant, jetant un regard vague autour de lui, comme un homme qui cherche à deviner un mystère...

Il se demandait où il était. Il allait revivre...

Le coup d'épée de Lavenay avait occasionné une hémorragie très forte, à la suite de laquelle le reste d'émotion profonde causée au marquis par l'apparition de l'Homme Rouge avait produit une syncope.

Inanimé, exsangue, d'une raideur tétanique, M. de Vilers offrait tous les symptômes de la mort. On n'avait donc élevé aucun doute sur son état, et on l'avait fait porter au Châtelet.

L'accès de catalepsie était passé. Vilers revenait à lui...

Le devoir du gardien était tout dicté. Il n'y avait qu'à aller sur-le-champ avertir le greffier du Châtelet. Il allait sortir quand sa femme le retint.

— Tu es fou, lui dit-elle en l'entraînant dans un coin.

— Comment cela ?

— Aimes-tu donc tant ton métier que, pour tout au monde, tu ne veuilles pas le quitter ?

— Eh ! tu sais bien le contraire.

— Ne serais-tu pas heureux d'aller vivre dans quelque coin aux environs de Paris, loin de ces vilains *Macchabées* qui me donnent le cauchemar ?

— Parbleu, oui ; mais où la chèvre est attachée...

— Eh ! nigaud que tu es, elle se détache ! Mais il faut savoir profiter de l'occasion. Voilà un homme, un seigneur, qui a certainement une grande fortune et qui te tombe entre les mains...

— Eh bien?

— Eh bien! on te l'amène mort; il ressuscite... vas-tu le laisser mourir de nouveau?

— Non pas, puisque je vais prévenir le greffier...

— Belle idée !... Mais tu ne comprends donc pas que si le marquis n'a pas été porté chez lui, que si on n'est pas venu le reconnaître, que si ce joli petit jeune homme qui pleurait près de lui hier soir, n'a pas osé le réclamer, c'est qu'il y a dans tout cela un mystère.

— Tiens, c'est vrai, pourtant, dit le bonhomme intrigué et émerveillé de la sagacité de sa femme.

— Eh bien, si tu le laisses entre les mains du greffier, ça fera du bruit, on saura qu'il est vivant, ça ennuiera celui-ci ou celle-là et peut-être bien le marquis lui-même. Et qu'est-ce que nous y gagnerons?

— Mais que faire?

— Ne rien dire, le cacher et le soigner. Ses ennemis le croiront mort, ils ne se méfieront pas de lui et il déjouera leurs canailleries. Naturellement il ne sera pas ingrat... Comprends-tu?

Il n'y avait rien à répondre à une si belle logique. Le gardien se rangea à l'avis de sa femme.

M. de Vilers, sorti du caveau, fut porté dans leur logement.

Grâce à leurs soins, il reprit rapidement des

forces, et au bout de quelques heures, il put parler.

Ce qu'il leur dit confirma de point en point les hypothèses de la gardienne. Dans l'état de faiblesse où il était, le marquis avait le plus grand intérêt à ce qu'on ignorât qu'il vivait encore. Un malade ne se défend pas.

Mais, comme il ne voulait point être à charge aux braves gens qui l'avaient sauvé, il se mit en mesure de leur fournir les moyens de quitter le Châtelet.

Il demanda une plume et du papier et écrivit quelques lignes.

— Prenez ceci, dit-il au gardien, et portez-le à l'hôtel de Vilers, rue Saint-Louis-en-l'Isle. Vous demanderez Joseph.

Le gardien envoya un de ses amis, auquel il raconta une histoire de fantaisie.

Une demi-heure après, l'ami revenait avec les dix mille livres que l'on sait.

Le soir même, le gardien remplissait de terre le cercueil destiné au marquis, prétextait une maladie quelconque et donnait immédiatement sa démission.

Dans la nuit il transportait, avec l'aide de sa femme, le blessé à Palaiseau, où le grand air lui rendit promptement assez de forces pour qu'il pût essayer de reparaître.

. . . .

Pendant ce temps-là, le bon Joseph gardait

l'hôtel de Vilers où il continuait, non plus à pleurer, mais à être l'homme le plus stupéfait de France.

On se rappelle qu'il était descendu avec maman Nicolo et Bavette au caveau de la famille de son maître.

Depuis, il avait fait toutes les démarches possibles. Il avait remué ciel et terre et pour découvrir ce qu'était devenu le marquis et pour trouver l'endroit où pouvait être la marquise.

Il n'était parvenu à aucun résultat.

Le sixième jour pourtant, il eut un commencement de joie.

Un homme, vêtu comme un courrier, botté et éperonné, paraissant avoir fait une longue course, se présenta à l'hôtel et le demanda.

Il apportait à Joseph une lettre de la marquise.

Une lettre ! Il allait donc revoir son écriture, avoir de ses nouvelles, apprendre où elle était.

Non. La lettre se taisait sur ce dernier point.

Le marquise lui écrivait simplement qu'elle se portait bien, qu'elle n'était point matériellement malheureuse et lui donnait l'ordre de confier Réjane au messager, chargé de la lui amener.

Évidemment cette lettre avait été écrite sous les yeux du magnat.

Où était la marquise ? La missive le taisait et le messager refusait de le dire. Mais quoi d'étrange à cela ? Le magnat, qui croyait le marquis vivant, ne pouvait logiquement pas lui indiquer le refuge de sa femme.

— Enfin, pensa Joseph, ma pauvre maîtresse aura au moins la consolation d'embrasser sa sœur.

Et il supplia Réjane de ne point dire à la marquise que Vilers était mort. Il avait jugé prudent de ne point révéler, même à la jeune fille, l'histoire du cercueil plein de terre.

— Un dernier mot, dit le messager en mettant Réjane en voiture. J'ai l'ordre de suivre le carrosse à cheval et de ramener mademoiselle à l'hôtel, si je m'aperçois que je suis suivi.

Et la voiture s'éloigna... Dans la solitude, la jeune fille au moins put préparer à l'aise les saints mensonges avec lesquels elle consolerait sa sœur...

A Blérancourt, hélas ! le magnat allait avoir sur Réjane le même pouvoir que sur la marquise.

La jeune fille n'aurait le droit d'écrire que devant lui. Elle ne connaîtrait même pas, d'ailleurs, le nom de l'endroit où était situé le château.

Mais le magnat comptait sans Tony, dont le principal soin, après sa première entrevue avec la marquise, avait été d'expédier à Joseph le récit de tout ce qu'il avait vu, en prévision du cas où Vilers reparaîtrait.

Or Joseph venait de recevoir ce volume quand un paysan frappa à la grande porte de l'hôtel.

Ce paysan, dont la figure disparaissait à moitié sous un large bandeau noir, insista tellement qu'on appela Joseph. En le voyant, l'homme écarta son bandeau.

— Miséricorde !... s'écria le vieux serviteur, monsieur le...

— Chut ! dit le marquis, car c'était lui, mène-moi dans ta chambre, j'ai à te parler.

— Ah ! je le savais bien, que vous n'étiez pas...

— Chut ! te dis-je. Je t'expliquerai tout. Mais au nom du ciel, il ne faut pas qu'on me voie tout de suite. Ma femme serait trop bouleversée. Viens dans ta chambre.

Joseph guida son maître dans l'escalier de service. Arrivé chez Joseph, le marquis, le rassurant, lui conta tout ce qui s'était passé et par quelle miraculeuse fortune il était encore de ce monde.

— Mais ma femme, ma femme, demanda-t-il à Joseph. Il faudrait doucement l'avertir.

Le pauvre vieux demeurait muet.

— Eh bien, qu'attends-tu ? demanda le marquis étonné.

Joseph se décida alors à lui faire connaître à son tour ce qui s'était passé et termina en lui montrant les deux lettres de la marquise et celle de Tony.

— Blérancourt, s'écria le marquis, dès qu'il eut jeté les yeux sur ces lettres. Elle est à Blérancourt ! Vite, mon épée, un cheval ! Il faut trois jours pour aller à Blérancourt. J'y serai demain ! ! !

Et il y fut.

XVIII

SANG ET EAU

Ainsi c'était son mari, son mari sauvé miraculeusement, que la marquise venait de livrer au magnat.

Elle le perdait au moment où il accourait pour la sauver !

Cependant les muets étaient acharnés à la poursuite de Vilers.

Surmontant son émotion, Haydée se jeta aux pieds du magnat pour implorer sa pitié.

Mais il la repoussa avec un ricanement satanique.

— Ah ! dit-il, madame, vous m'avez fait la part trop belle pour que j'y renonce !

Alors la marquise, folle de douleur, s'élança à son tour dans les corridors secrets, résolue à mourir avec son mari.

Dans ce couloir, la chasse continuait effrénée, fantastique.

Les serviteurs du comte avaient allumé des torches dont les lueurs rougeâtres flamboyaient, projetant sur les murs couverts de moisissures des ombres gigantesques qui semblaient autant de démons faisant leur partie dans cette poursuite infernale.

Vilers et La Rose fuyaient devant les muets qui les serraient de près.

Le marquis voulait arriver jusqu'à l'issue par laquelle il était entré.

Là, le couloir s'étranglait et devenait un boyau où l'on ne pouvait passer qu'à deux.

Si La Rose et lui parvenaient à gagner ce passage, ils étaient sauvés. Ils y tiendraient tête au magnat et à toute sa bande, si nombreuse qu'elle fût

Mais, pour y arriver, il ne fallait pas se laisser entourer.

Et les muets gagnaient du terrain.

A un détour du couloir, l'un d'eux faillit saisir le manteau du marquis qui flottait derrière lui, soulevé par la rapidité de la course.

— Nous n'arriverons pas... dit tout bas le marquis à la Rose sans cesser de courir.

— Sacredioux, répondit le Gascon, si nous en décousions un ou deux, cela ralentirait peut-être les autres. Faisons-nous tête ?

— Allons !

Les deux hommes se retournèrent brusquement, les épées flamboyèrent à la lueur des torches ; deux des muets tombèrent, la poitrine trouée...

Un troisième étendit vers le marquis sa main armée d'un pistolet... Mais La Rose le prévint et d'un coup de revers lui fendit le crâne.

— Merci, dit simplement le comte. Maintenant au galop.

Ils firent volte-face et repartirent.

A ce moment des pas rapides retentirent devant eux. Le Normand, entendant le bruit de la lutte, répercuté par les échos, accourait secourir le marquis ou mourir avec lui.

— Ah ! s'écria Vilers, voici de l'aide, à nous encore, mon brave La Rose !

Pour la seconde fois, La Rose et lui se ruèrent sur les muets et tuèrent les deux premiers qui se trouvèrent devant eux. Le Normand étendit également son homme.

Il y avait de nouveau une barrière de trois cadavres entre eux et leurs ennemis.

Ils se postèrent, prêts à se défendre.

Mais tout à coup, derrière le Normand, résonnèrent de nouveaux pas.

— Qui vient là ? demanda La Rose inquiet.

— Tony, certainement.

— Il amènerait donc quelqu'un avec lui ?... On dirait les pas de plusieurs personnes.

— Tant mieux ! Du renfort ne sera pas de trop, pour en finir avec cette canaille... fit le marquis, en plantant son épée dans la gorge d'un des muets qui tomba.

— A nous ! à nous ! cria La Rose... en se retournant vers ceux qu'il supposait être Tony et ses amis.

Mais il poussa un rugissement de fureur.

Ce n'était pas Tony qui arrivait défendre.

C'étaient les HommesRouges qui venaient d'entrer par le passage et qui accouraient attaquer.

Le marquis, la Rose et le Normand se trouvaient pris entre les muets et les Hommes Rouges.

— Il faut, dit Vilers, en prendre son parti. Mourons, mais au moins vendons cher notre vie.

Et le marquis fit face aux Hommes Rouges et les deux gardes-françaises tinrent tête aux muets.

Ces derniers s'élancèrent avec de rauques gloussements de joie.

La Rose enfonça son épée dans le ventre d'un des assaillants, le Normand broya deux têtes avec le pommeau de son sabre, mais il n'y avait pas moyen d'arrêter le flot qui débordait.

Ils furent enveloppés.

Dans la bagarre, les torches s'étaient éteintes.

Malgré l'obscurité, la lutte continua plus acharnée, plus horrible encore.

On ne pouvait plus jouer de l'épée, on se trouvait trop les uns sur les autres.

Mais on se cherchait dans les ténèbres, on s'étreignait, on s'étranglait, on s'étouffait...

Tout à coup, un mouvement se fit parmi les assaillants... On entendit un bruit de chairs trouées, des soupirs et la chute de plusieurs corps...

— En voilà toujours un de moins, deux, trois, quatre... au hasard ! dit une voix fraîche que les gardes-françaises reconnurent bien.

— Tony ! s'écria La Rose.

C'était en effet l'ancien commis à mame Toinon qui, du poste où on l'avait laissé seul, avait vu entrer les Hommes Rouges.

Étonné que ni le Normand, ni La Rose ne les eussent arrêtés, il s'était précipité dans les couloirs.

Mais connaissant moins bien que Maurevailles les passages secrets, il avait fait un détour et débouchait derrière la bande du magnat.

— Tony ! s'écria La Rose, c'est toi ?

— Le Gascon ! dit joyeusement Tony. Allons, je n'arrive pas trop tard ! Mais où donc êtes-vous ?

— Ici, au milieu, avec le marquis de Vilers !

— Le marquis de Vilers ! s'écria Tony stupéfait comme les autres. Le marquis de Vilers !...

Mais ce n'était pas le moment de s'étonner ; il avait bien autre chose à faire !

Surpris d'abord par la brusque attaque de Tony, les muets n'avaient pas eu le temps de se défendre contre cet ennemi inattendu.

Mais ils se ravisaient et se retournaient contre lui.

Et Tony n'osait plus frapper au hasard, dans le tas, comme tout à l'heure. Il craignait de blesser ses amis.

Cependant, cette diversion avait permis à Vilers de reprendre un peu haleine. Repoussant du poing Lavenay qui s'était avancé jusqu'à le toucher, il alla s'adosser à la paroi du couloir...

Cette paroi céda sous la pression...

Vilers la sentit tourner doucement : il y avait là une voie nouvelle, inconnue certainement aux Hommes Rouges.

— La Rose, Normand, dit-il, à demi-voix et en se penchant, venez...

Et il les entraîna dans le passage qu'il venait de découvrir.

Mais à ce moment le magnat arrivait avec de nouveaux hommes portant des torches...

Les torches firent voir le marquis et les deux gardes-françaises qui s'échappaient.

Les Hommes Rouges, les muets, le magnat et Tony lui-même, — mais ce dernier dans un but différent, — s'élancèrent après eux.

Ah ! cette fois, les fugitifs avaient de l'avance, et personne ne pouvait leur barrer le chemin...

— Tue ! tue ! hurlait le vieux comte en donnant l'exemple lui-même et en lâchant deux coups de feu sur ses ennemis.

Mais le couloir faisait de nombreux détours ; les balles s'aplatirent sur les parois...

Les fugitifs continuèrent leur route.

Tout à coup Vilers, qui marchait le premier, poussa un grand cri et disparut....

— Qu'avez-vous, capitaine ? Où êtes-vous ? demanda La Rose en avançant vers l'endroit où il croyait que le marquis se trouvait.

Mais lui-même sentit le sol se dérober sous ses pas.

Il disparut à son tour.

La galerie qu'ils avaient prise s'étendait au-dessus de l'immense réservoir dont l'eau pouvait au besoin combler les fossés du château.

Dans quel but ce réservoir avait-il été creusé ? Peut-être pour servir d'oubliettes et permettre aux seigneurs du château de se débarrasser ainsi sans danger d'un hôte incommode ou d'un témoin dangereux.

Certes, les malheureux qu'une justice ou une vengeance confiait à ce gouffre ne devaient jamais revoir la lumière.

Pour les muets eux-mêmes, la disparition du marquis et de La Rose avait eu quelque chose de si inattendu qu'elle interrompit la poursuite.

Tout le monde, Tony comme les autres, se rangea au bord du puits, sondant les profondeurs de ce gouffre.

Mais une femme, fendant la foule, vint se placer au premier rang.

Cette femme, c'était la marquise.

La marquise, qui, au comble de l'anxiété, avait suivi les péripéties de la poursuite et de la lutte et qui, n'entendant plus rien que des exclamations de surprise, avait voulu voir ce qui se passait.

— Mon mari ! s'écria-t-elle éperdue. Qu'avez-vous fait de mon mari ?

Le magnat ouvrait la bouche pour lui répondre, mais Maurevailles le prévint.

— Votre mari, madame, dit-il avec un affreux sourire, nous a épargné cette fois la peine de le punir. Et désignant du doigt le gouffre, il ajouta :

— Il est là !...

— Ah ! s'écria Haydée désespérée, eh bien, je mourrai avec lui ! Et elle s'élança.

Maurevailles la saisit par le bras. Mais avec une force que le désespoir décuplait, elle allait l'entraîner avec elle dans l'abîme quand Tony, bondissant à son tour devant eux, s'écria :

— Attendez, je vais le sauver ou mourir !

Et tandis que Lavenay et Lacy aidaient Maurevailles à contenir la marquise, il se précipita dans le gouffre béant.

Instinctivement chacun se tut.

En dépit de toute inimitié, le magnat et les Hommes Rouges sentirent une profonde émotion s'emparer d'eux.

Ils eussent voulu, en ce moment, sauver ceux qu'ils cherchaient à massacrer tout à l'heure !

Se penchant sur le bord du puits, ils essayèrent de projeter jusqu'au fond la lumière des torches...

Au-dessous d'eux, l'eau coulait noire et profonde...

Et au milieu des plissements causés par sa chute, Tony nageait, fort et confiant...

XIX

LES CRIS DU CŒUR

Cependant, la fête terminée, le marquis de Langevin avait pris congé du comte de Mingréli et s'était retiré avec tous les officiers.

Les uns, que leur service appelait au camp, avaient quitté le château. Ceux qui étaient libres étaient rentrés dans les appartements que le magnat avait mis à leur disposition.

Le marquis de Langevin venait de regagner sa chambre et commençait déjà à se dévêtir, lorsqu'un bruit sourd et continu attira son attention.

Il prêta l'oreille. Peu à peu, pour lui, vieux soldat, blanchi sous le harnais, ce bruit prit une signification.

C'était celui d'une lutte. Il y avait, à quelques pas de lui, des gens qui se battaient avec acharnement.

Deux ou trois coups de feu qui, bien que fort

assourdis, arrivèrent jusqu'à lui, ne lui laissèrent bientôt aucun doute.

— Qu'y a-t-il ? demanda avec inquiétude le colonel. Cette fête aurait-elle caché une trahison et massacrerait-on ici mes officiers ?

Il se rhabilla à la hâte et appela l'homme qui était de garde dans le corridor.

Celui-ci, comme le colonel, entendait bien le bruit de la bataille et cherchait depuis un instant à deviner d'où venait ce bruit ; mais il n'avait pu y parvenir.

Le marquis l'envoya à la découverte. Au bout d'un instant, le soldat rentra tout déconcerté. Il n'avait absolument rien vu.

— Je ne rêve pourtant pas, dit le marquis.

— Mon colonel, je vais vous sembler fou ; mais on dirait que c'est dans le mur...

M. de Langevin prêta l'oreille. En effet, le bruit semblait provenir de la muraille...

Le marquis, de plus en plus intrigué, boucla son ceinturon et se rendit chez le magnat pour lui demander l'explication de cet événement étrange.

Le comte hongrois était dans la pièce où nous l'avons vu naguère commencer avec la marquise ce repas qui s'était terminé par l'enlèvement d'Haydée.

Malgré l'opposition des muets qui gardaient la porte, M. de Langevin arriva jusqu'à lui.

Il ne lui fallut qu'un regard pour voir combien son arrivée embarrassait le comte.

C'est qu'en effet la visite du marquis contrariait singulièrement les projets du vieux Hongrois.

Le magnat avait espéré que le bruit de la lutte n'arriverait pas jusqu'au colonel, et son attente avait été trompée.

En reconnaissant la voix du marquis, il avait, à la hâte, refermé le tableau qui masquait l'entrée des couloirs, et il se demandait quelle réponse il allait faire.

Cependant son parti fut vite pris, il se décida à déclarer nettement la situation.

— Colonel, dit-il, il m'est pénible d'avoir à vous le dire ; il y a parmi vos officiers des traîtres !...

— Des traîtres, s'écria M. de Langevin stupéfait de ce début.

— Des traîtres, répéta le magnat, qui, abusant de l'hospitalité que je leur ai généreusement donnée, ont voulu en profiter pour me ravir ma fille...

Le colonel tressaillit.

— Ils ont appris, je ne sais comment ni par qui, les secrets de cette demeure. Ils ont su que des couloirs, creusés dans les murs, donnaient accès dans cette pièce, et ils y ont pénétré nuitamment, comme des voleurs, comme des bandits, pour enlever l'aînée de mes filles...

— Ils ont enlevé la marquise ! s'écria M. de Langevin, qui, involontairement, songea aux Hommes Rouges et aux craintes de Tony.

— Heureusement je veillais, continua le magnat. Mes gens étaient sur leurs gardes, et c'est dans le chemin même par où ils ont voulu me ravir mon bien le plus précieux que mes serviteurs poursuivent ces félons et leur font expier leur audace. C'est un acte de justice auquel, j'en ai l'espoir, votre loyauté bien connue vous empêchera de vous opposer !...

Le marquis à son tour se trouva plongé dans un grave embarras.

Quel que fût leur motif, ceux qui avaient ainsi profité de l'hospitalité du comte pour mettre leurs projets d'enlèvement à exécution, avaient commis un acte misérable, auquel il lui répugnait de s'associer, même par un simple mot d'excuse.

Mais, d'un autre côté, ces hommes étaient ses officiers, ses meilleurs peut-être ; il en devait compte à la France. Et à la veille d'une guerre, il ne pouvait les laisser ainsi massacrer.

Au moins il voulut les connaître.

— Et quels sont, monsieur le comte, ceux qui, selon vous, se sont rendus coupables de cette infamie ? demanda-t-il avec une froideur apparente.

— Je ne les connais pas.

— Alors, il faut que je les voie. Je veux moi-même faire justice d'eux.

— Épargnez-vous cette peine, colonel ; mes gens s'en chargeront.

— Mais peut-être vous trompez-vous ?...

— J'ai vu l'uniforme de votre régiment. Si ceux qui le portent l'ont volé, laissez-moi faire. Ils ne sortiront pas de ces souterrains. Si, comme je le crois, ils sont vraiment vos compagnons d'armes, vous saurez assez tôt les noms de ceux dont les mains ont souillé votre main loyale...

Mais le marquis de Langevin n'était pas homme à se rendre ainsi.

Le bruit redoublait. Les cris des combattants arrivaient maintenant plus distincts jusqu'à lui. La fièvre de l'impatience le saisit.

— Il y a un secret, s'écria-t-il, éclatant soudain. Ce secret, je veux le connaître ; entendez-vous, je le veux !

Le magnat ne répondit pas.

Le marquis était devenu blême. L'impassibilité de cet homme à quelques pas d'un massacre l'irritait au plus haut point.

— Pour la seconde fois, monsieur, dit-il en frappant du pied, je vous somme de me livrer le secret de ce passage.

Le magnat haussa les épaules.

— S'il en est ainsi, reprit le colonel, en s'élançant vers le mur, je saurai bien le trouver moi-même.

Il se mit à tâter la tapisserie...

Le magnat le regardait faire avec un sourire ironique.

— Ah ! s'écria tout à coup le marquis,.. ce tableau !

Sous sa main qui tâtait la toile, il avait senti comme des vibrations... Derrière le tableau, le mur manquait...

Le magnat fit un mouvement pour lui barrer le passage. Mais il était trop tard. Le colonel, tirant son épée, avait fendu le tableau, du haut en bas.

Une ouverture béante s'était montrée à ses yeux.

Il s'y engagea sans hésitation et, guidé par le bruit et la réverbération d'une vague lumière, se mit à parcourir à grands pas les couloirs.

Le chemin, du reste, était facile à suivre. Les mares de sang le lui indiquaient assez, et de distance en distance, funèbres jalons, des mourants se tordaient dans les convulsions de l'agonie.

Si vite qu'il allât, le colonel remarqua, non sans un sombre plaisir, qu'aucun des morts ou des mourants ne portait l'uniforme blanc des gardes-françaises.

Il arriva ainsi au bord du gouffre au-dessus duquel était penchée la marquise de Vilers.

— Qu'est-il donc arrivé? demanda-t-il avec angoisse.

Haydée lui montra du doigt le fond de l'abîme où l'eau s'agitait encore...

— Il y a trois hommes là, répondit une voix derrière lui.

Le colonel se retourna. Il reconnut le Normand, dont l'uniforme, tailladé de coups d'épée, disparaissait sous les taches de sang.

— Trois hommes ! Qui ?

— D'abord, le marquis de Vilers...

— Le marquis, mais il est mort ?...

— Peut-être maintenant, mon colonel, mais je vous jure que tout à l'heure...

— Et qui, après ?

— La Rose...

— Mon pauvre Gascon, si bon soldat, si brave ?... Ah ! le magnat aura un terrible compte à me rendre ! dit le colonel, qui sentit une larme mouiller sa paupière, mais le troisième ?

— Mon colonel...

— Eh bien ?...

— C'est le caporal Tony...

— Tony ! ! !

— Lui-même qui, pour essayer de sauver les deux autres...

Le marquis n'écoutait plus.

Pâle comme un mort, il chancela comme s'il allait perdre connaissance. Mais, par un prodigieux effort, il se maîtrisa.

— Tony ! ! ! répéta-t-il d'une voix déchirante ; Tony perdu !... Ah ! vite, des cordes, des échelles !... qu'on descende dans ce lac !... qu'on le fouille !... Dix mille louis à qui me ramène Tony...

Dominés par cette voix, les assistants s'agitèrent ; en un clin d'œil, les muets étaient de retour rapportant les échelles, les cordes demandées par le marquis.

Mais, au moment de descendre dans le gouffre, ils hésitèrent.

— Hâtez-vous donc, suppliait le colonel en se tordant les bras de désespoir. Songez que chaque minute perdue ajoute à son danger. Sauvez-le, sauvez-le, vous dis-je, je veux que vous le sauviez !...

Ils se regardaient, étonnés de cette douleur si grande et si inattendue.

— Ah ! lâches ! râla le marquis, lâches ! ... Si pas un de vous n'a le cœur d'y descendre, j'irai, moi, dans ce gouffre, moi, vieillard sans forces et paralysé par l'âge ... j'irai et je le sauverai.

Joignant l'action à la parole, il saisit une corde et voulut s'élancer. Une main vigoureuse le retint.

C'était celle du Normand.

— Laissez, mon colonel, dit le brave garçon ... c'est moi qui vais y aller. Aussi bien j'étais avec eux au commencement, je dois les suivre jusqu'au bout. Vous péririez avec eux, vous ; moi, je vais tâcher de vous les ramener.

Il se passa la corde autour du corps et descendit.

L'exemple était donné ; six muets le suivirent. Les échelles attachées furent jetées dans le puits. Les muets, sans danger, se confièrent à ces échelles et, munis de torches, explorèrent la surface du lac souterrain.

Mais aussi loin que la vue pût s'étendre, on ne vit rien.. rien que l'eau qui coulait paisiblement.

Le lac s'était refermé sur ses victimes.

XX

LE NOUVEAU MOÏSE

Les uns après les autres, le Normand et ses compagnons remontèrent, le visage désappointé.

A mesure qu'ils lui rendaient compte du résultat négatif de leurs recherches, le marquis de Langevin devenait de plus en plus pâle.

On eût dit que la vie se retirait du cœur de ce vieillard si ardent quelques heures auparavant.

Quand il vit le dernier chercheur sortir seul de l'orifice du gouffre, il se laissa tomber à genoux avec un sourd gémissement.

On respecta, sans la comprendre, cette immense douleur...

Au bout de plusieurs minutes pourtant, le Normand se permit de faire sortir son colonel de cet état de prostration et l'entraîna hors des souterrains.

Mais, une fois dans les appartements, le brave

soldat, qui grelottait de froid et qui avait hâte d'aller prendre des vêtements secs, prit congé du marquis et se mit à courir vers sa tente.

Quant à M. de Langevin, il regagna sa chambre à pas lents.

Malgré les fatigues de la soirée, il n'éprouvait aucun besoin de sommeil, ses émotions avaient été trop vives !

En dépit du froid, il ouvrit la fenêtre et jeta un regard distrait sur la partie du parc qui s'étendait devant ses yeux et où le campement avait été dressé.

Tout à coup, sur le chemin qui contournait le flanc du château, il aperçut, venant vers lui, deux hommes à l'uniforme blanc et bleu des gardes-françaises.

La lune éclairant en plein la route, il sembla au colonel qu'il reconnaissait ces deux hommes.

La Rose et Tony !...

Dans la douleur, on se raccroche au moindre espoir. Le marquis se précipita hors de sa chambre.

La route que suivaient les deux soldats pour arriver au campement faisait autour des fossés de longs détours et passait presque sous les fenêtres du colonel. Il n'eut donc pas de peine à les rejoindre.

C'étaient bien le jeune caporal et son brave ami, le Gascon, tous deux ruisselant d'eau et grelottant. Comme le Normand, ils couraient vers le camp pour se sécher et changer d'habits.

En voyant Tony, le marquis ne put contenir sa joie.

Il s'élança vers lui, le prit dans ses bras et l'entraîna vers sa propre chambre.

— Sauvé, sauvé !... pauvre et cher enfant ! murmurait-il.

Tony, qui se serait plutôt attendu à une verte semonce de la part du bon, mais rigide colonel, ne comprenait rien à ces témoignages de tendresse.

— Ah ! monsieur le marquis, protestait-il, c'est vraiment trop d'honneur... en vérité...

Le marquis arrachait les vêtements mouillés du jeune homme et l'enveloppait dans ses habits à lui.

— Je vous en prie, mon colonel, disait le pauvre Tony tout confus... comment ai-je mérité tant de bontés ?...

— Va, tu le sauras plus tard... Mais, d'abord, raconte-moi comment tu as pu échapper à ce gouffre maudit ?

— Quoi, vous savez ?...

— Je sais tout, mais parle, parle vite !...

— Eh bien, mon colonel, lorsque j'ai sauté dans le lac, où venait de tomber M. de Vilers, que je croyais mort et qui était si miraculeusement reparu pour disparaître presque aussitôt, lorsque je sautai, dis-je, le premier choc me fit plonger jusqu'au fond. Mais, enfant de Paris, je nage naturellement. Je revins vite à la surface. Des deux hommes que j'avais vus tomber, je n'en aperçus plus qu'un...

— Plus qu'un ?

— Cet homme, continua Tony, ne savait presque pas nager ; il se débattait dans l'eau glacée et allait peut-être succomber. Je m'approchai de lui : « Mettez vos mains sur mes épaules, lui dis-je, je vous soutiendrai ! » Il ne m'entendit pas et instinctivement essaya de se cramponner à mes jambes...

— Ah ! s'écria le marquis, frissonnant à l'idée du danger qu'avait couru Tony.

— Ne craignez rien, mon colonel, je m'y attendais. Tous ceux qui se noient font de même... D'un coup de pied, je le forçai de lâcher prise. Il enfonça, mais je le rattrapai par les cheveux, et nageant d'une main, le soutenant de l'autre, j'essayai de gagner une anfractuosité que j'apercevais à quelques pas.

— Et tu y parvins ?...

— J'allais y arriver quand, subitement, un courant épouvantable, irrésistible, se fit sentir dans cette eau qui dormait tout à l'heure. Nous étions entraînés avec une vitesse vertigineuse, nous passions à travers des souterrains dont les parois se resserraient de plus en plus... A tout instant, je m'attendais à avoir le crâne brisé contre des pointes de roc...

Le marquis, tombé sur un fauteuil, écoutait haletant, suspendu aux lèvres du jeune homme.

— En plongeant à propos, continua Tony, je réussis à éviter ce danger ; mais j'en avais à redouter un autre plus terrible. Les parois du conduit, qui se resserraient toujours, n'allaient-elles pas devenir trop étroites pour livrer passage à nos deux corps ? Et l'eau, qui nous emportait avec une force invincible, ne nous étoufferait-elle pas, ne nous broierait-elle pas entre ces parois ?...

— Mais comment as-tu pu échapper !...

— L'eau courait de plus en plus vite... Tout à coup un choc violent me fit lâcher mon compagnon, puis tous deux nous passâmes par-dessus le rebord d'un mur... enfin je fis une nouvelle chute, et j'aperçus le ciel au-dessus de ma tête... j'étais dans les fossés du château.

— Dans les fossés ?

— Juste du côté opposé au camp... Le mur sur lequel je venais de me heurter n'était autre que le barrage d'une écluse dont la vanne, subitement levée, avait causé ce courant qui nous entraînait.

— Et ton compagnon de danger ?

— Après avoir respiré un peu, je songeai à lui. Dans le trajet rapide, il avait perdu connaissance ; mais en lui frottant un peu les tempes, je le fis revenir à lui. Nous étions toujours dans l'obscurité produite par l'ombre du bastion, je voyais mal son visage. Je le traînai sur le glacis, et là je le reconnus...

— Vilers ? interrompit vivement le marquis.

— Non, La Rose, que tout à l'heure vous avez

vu avec moi, se sauvant vers le camp où sans doute l'attendent les arrêts...

Le colonel haussa les épaules comme pour rassurer Tony.

— Et le marquis de Vilers ? demanda-t-il.

— Pas de traces... Tenez, mon colonel, je ne suis pas superstitieux, mais positivement, j'ai remarqué une chose tellement étrange...

— Quoi donc ?

— Comme je venais de faire revenir La Rose à lui et que je regardais autour de moi pour chercher du secours et voir où pouvait être le marquis de Vilers, un ricanement satanique retentit au-dessus de ma tête. Je levai les yeux ; un être fantastique gambadait sur le rempart... C'était exactement un de ces bonshommes de bois que les Allemands font à Nuremberg, tête monstrueuse, jambes immenses se rattachant à un torse exigu, duquel pendaient deux bras démesurés... On eût dit un faucheux gigantesque...

— Et qu'était-ce que cela ?

— Le sais-je ? En me voyant lever les yeux vers lui, l'être étrange sauta du rempart à terre et disparut... Ma parole, j'ai cru une minute que c'était le diable qui, pour nous entraîner dans le gouffre, avait pris la figure du marquis de Vilers, et qui, voyant que nous étions sauvés, s'enfonçait maintenant dans son royaume infernal.

— C'est étrange en effet, dit le marquis intrigué, car enfin tu es bien certain d'avoir vu Vilers ?

— Vu et touché, mon colonel, et il en a touché d'autres ; les muets du vieux comte en savent quelque chose...

— Mais comment cette écluse s'est-elle trouvée ouverte si à propos ?

— Voilà encore ce que j'ignore... Ce qui est plus clair, malheureusement, c'est que La Rose, le Normand et moi, nous avons tiré l'épée contre nos officiers et qu'ils vont probablement nous en faire supporter les conséquences...

L'œil du marquis eut un éclair.

— Qu'ils ne s'y hasardent pas ! s'écria le brave colonel. J'aurais un compte terrible, moi aussi, à demander à MM. de Lavenay, de Lacy et de Maurevailles !... Et d'abord, il leur faudrait me dire ce qu'ils allaient faire dans ces souterrains où vous les avez rencontrés !... Va, mon enfant ; toi et tes amis, vous n'avez rien à craindre...

— Merci, mon colonel, s'écria Tony avec reconnaissance. Mais, puisque votre bonté est si grande, daignerez-vous me dire enfin la cause véritable de l'intérêt que vous me portez.

— Oui, tu as le droit de me la demander... Mais sans cela, va, je ne te la dirais pas... C'est un horrible secret que je vais te révéler, un secret que j'aurais voulu garder jusqu'au tombeau...

— Et ce secret me concerne ? demanda Tony tout ému.

— Oui. Écoute.

XXI

L'INSOMNIE DU MARQUIS DE LANGEVIN

— Écoute, fit le marquis, en se rapprochant de Tony et en baissant instinctivement la voix, ce que tu m'as dit de ta naissance était bien vrai, n'est-ce pas ?

— Mais certes, oui, mon colonel, balbutia Tony tout stupéfait de ce début.

— Tu m'as bien raconté que, tout enfant, tu étais élevé par des paysans près de Paris ?

— Oui...

— Et tu ne te souviens pas du nom de l'endroit ?

— L'ai-je jamais connu ? Je ne pourrais le dire...

— Mais, la maison, la maison de ton père nourricier, où était-elle située ?

— Attendez.. je crois vous l'avoir dit. Devant, il y avait des prés, une clôture verte ; derrière, le jardin par lequel j'ai fui...

— Et c'est tout ? Il n'y a pas un objet qui reste gravé dans ton esprit ?

— Un objet ?

— Au carrefour du chemin qui passait devant la maison ?

Tony mit sa main devant ses yeux, comme pour revoir en lui-même le tableau des souvenirs lointains qu'évoquait le marquis.

— Ah ! je me souviens, je me souviens ! s'écriat-il tout à coup... oui.. au bout du chemin, une grande croix de pierre, toute moussue, près de laquelle ma bonne nourrice me menait jouer... Est-ce bien cela, mon colonel ?

Le marquis ne répondit pas. Deux rides profondes creusaient son front. Lui aussi semblait contempler le tableau sombre du passé.

— Tu m'as bien dit, reprit-il lentement après un instant de silence, que, il y a neuf ans de cela, ceux qui te nourrissaient te crièrent : « Prends garde ! » au moment où des gens masqués envahissaient la maison pour te tuer !

— C'est bien cela, mon colonel, mais quel rapport ?

— Ah ! comment ne t'ai-je pas reconnu le premier jour que tu t'es présenté pour demander à entrer dans mon régiment ?... Mais si... je te devinais, car cette sympathie secrète qui m'attirait vers toi, je me l'explique maintenant. Tony, mon pauvre enfant, c'est une lugubre et triste histoire que le mystère de ta naissance, et peut-être serait-ce un bien pour toi de l'ignorer éternellement?

— Mais, mon colonel, un enfant doit connaître...

— C'est vrai ; ce secret fatal ne m'appartient pas à moi seul. Mais je ne puis te le révéler qu'à une seule condition...

— Laquelle ?

— C'est que tu te contenteras de ce que je puis te dire, et que jamais, tu m'entends, jamais, tu ne chercheras à en connaître plus que je ne t'en aurai dit. Tony, j'ai foi entière en ta loyauté. Tu me donnes ta parole ?

Tony étendit la main.

— Sur mon seul bien, prononça-t-il gravement, sur mon honneur de soldat, je m'engage à me conformer toujours à vos seules volontés.

— Écoute, Tony, dit le colonel d'une voix émue, je n'ai pas toujours été le vieux soldat sec et froid qu'on connaît aujourd'hui... Certes, au milieu des camps, dans les hasards des batailles, mon cœur s'est desséché... Mais, autrefois, pour l'amitié comme pour l'amour, il battait chaudement dans ma poitrine...

Il y a dix-huit ans de cela. Dix-huit ans ! dix-huit siècles !... j'avais une femme que j'adorais, une fille dont la beauté faisait mon orgueil et ma joie !... O souvenirs terribles !

Le marquis baissa la tête avec accablement. Ému et retenant son souffle: Tony attendait.

— Enfant, continua le colonel, il est, je te l'ai dit, des phases de ton existence sur lesquelles il ne faut pas que je lève le voile... Contente-toi de ce mot: Cette fille que j'aimais tant... tu es son fils !..

— Moi ! s'écria Tony en se précipitant dans les bras du marquis ; moi !... j'ai donc enfin une famille, j'ai donc quelqu'un à aimer sans arrière-pensée, oh ! mon colonel, mon bon père, combien je vous aimerai !... Il couvrait le marquis de baisers. Celui-ci le repoussait faiblement.

— Laisse, enfant, murmura-t-il, laisse. Ne t'ai-je pas dit que mon cœur ne bat plus ?... Laisse, ces baisers me font mal...

Le pauvre Tony se rassit, tout interdit.

— Et ma mère... se hasarda-t-il à demander enfin. Verrai-je ma mère ? Je l'aimerais tant, mon Dieu !...

— Tu ne la verras pas.

— Mais... elle vit du moins ?...

Le colonel était livide. Il hésita. Puis, d'une voix sourde, il prononça lentement ces trois mots :

— Elle est morte !...

— Morte !... répéta Tony avec un sanglot. Morte sans que j'aie pu voir son sourire, morte sans que j'aie pu recevoir son dernier baiser !... Oh ! mon colonel, vous qui l'avez connue, vous qu'elle aimait et qui l'aimiez, parlez-moi d'elle, dites-moi combien elle était belle et bonne... Laissez-moi vous dire en retour combien j'aurais été heureux de pouvoir l'adorer à deux genoux... Ma mère ! ma mère !... ce serait si bon, mon Dieu, d'avoir une mère à chérir !...

Agenouillé, Tony levait vers le ciel ses grands yeux mouillés de larmes, comme s'il eût espéré qu'un miracle allait faire apparaître à sa vue cette mère qu'il avait si longtemps rêvé de connaître et dont il ne venait d'entendre parler pour la première fois que pour apprendre en même temps qu'il l'avait perdue à jamais.

— Assez... assez... Tu réveilles, enfant, des souvenirs qui me brisent. J'ai satisfait à mon devoir en te disant quels sentiments m'avaient poussé à m'attacher à toi, quel chagrin m'eût causé ta perte, quelle joie m'a faite ton retour. Mais, je t'en prie, maintenant..., ajouta le colonel avec effort, ne parlons plus du passé... surtout ne me parle plus de ta mère !...

— Si j'avais seulement pu la voir une fois, murmura timidement Tony suppliant. Si je pouvais au moins contempler son image ?...

— Regarde !...

Le marquis tira de sa poitrine un médaillon suspendu à une chaîne d'or, et le présenta à Tony. Celui-ci le saisit avidement et l'ouvrit. Il vit une tête de femme d'une ineffable beauté. De longues boucles blondes encadraient un visage sur lequel se reflétait une expression de douceur angélique.

Chose étrange, il sembla à Tony qu'il l'avait déjà vue. Était-ce dans un songe ? N'était-ce pas plutôt un souvenir ? Quand il était tout enfant, cette tête si belle ne s'était-elle pas penchée sur son berceau pour cueillir son premier sourire ?

— Oh ! dit-il, qu'elle est belle !... plus belle encore que je n'osais la rêver... Et pourtant plus je la regarde, plus je la reconnais... Je l'ai vue... oh ! dites-moi que je l'ai vue ?...

Mais, par un revirement subit, le colonel lui arracha brusquement le médaillon des mains et le cacha dans sa poitrine.

— Jamais, s'écria-t-il, jamais tu ne l'as aperçue !... Ne t'ai-je pas dit qu'elle était morte... morte en te donnant le jour... Oh ! ma pauvre enfant chérie !... pardonne à ton père son injustice envers toi... envers ton fils... Mais laisse-moi, Tony, laisse-moi... Ces souvenirs, je te l'ai dit, me tuent ; ils me déchirent le cœur. Va te reposer. Adieu. Tony porta la main du vieillard à ses lèvres et se retira à pas lents. Tout à coup le marquis courut à lui :

— Ta promesse, dit-il, souviens-toi de ta promesse.

Tony inclina la tête avec un triste sourire :

— Je ne puis plus espérer voir ma mère, dit-il ; que puis-je désirer maintenant ?...

Il s'éloigna. Le marquis écouta le bruit de ses pas dans le corridor. Quand il eut cessé de l'entendre, il se laissa tomber sur un fauteuil :

— Qu'il se repose et reprenne des forces, murmura-t-il, la jeunesse surmonte tout... Moi, je ne dormirai pas... Dieu juste !... C'est le châtiment !

XXII

LES EXPLOITS DU NAIN

Si le colonel de Langevin ne dormit pas cette nuit-là, le magnat ne sommeilla pas davantage.

Une question le préoccupait avant toute chose : il lui fallait savoir, tout de suite, comment les Hommes Rouges et les gardes-françaises avaient pu pénétrer dans les passages secrets du château.

Il fit immédiatement appeler par le traban, son intendant, tout le personnel du château afin de commencer une enquête.

Les muets défilèrent un à un devant lui, mais tous donnèrent les plus grands signes d'étonnement et, soit par gestes, soit en écrivant, jurèrent qu'ils n'avaient ouvert à personne.

Et vraiment ils avaient suivi à la lettre les ordres du magnat et ignoraient comment les officiers qu'ils avaient vus quitter le château en tenue de gala s'y retrouvaient un quart-d'heure plus tard en manteau rouge.

Un seul homme eût pu donner une explication, c'était le nain. Mais naturellement il s'en garda bien et nia encore plus énergiquement que les autres.

L'enquête semblait donc ne devoir donner aucun résultat, lorsqu'un des muets allégua un détail qui surprit vivement le magnat.

Il avait écrit sur une ardoise :

— Comment aurait-on pu ouvrir, puisque le saut-de-loup était plein d'eau ?

Or, l'intendant avait constaté lui-même, dans la journée, que tous les fossés du château étaient presque à sec.

On avait donc déversé dans ces fossés l'eau du lac souterrain.

Mais la question changeait. Il s'agissait maintenant de savoir qui avait inondé les fossés.

Cette fois, le nain donna des explications.

— Moi, écrivit-il, fidèle à son rôle de muet. J'avais vu des hommes rôder dans la journée autour du château. J'ai eu peur pour monseigneur. Et comme monseigneur était auprès de sa fille aînée, je n'ai pas voulu aller le déranger.

Alors je me suis dit : Si j'inondais le saut-de-loup ! De cette façon, quand les hommes voudront venir la nuit, ils tomberont dedans et se noieront. Et j'ai été ouvrir l'écluse. C'était bien difficile pour moi qui ne suis pas très fort ; mais l'idée d'être utile à mon bon maître m'a donné de la vigueur.

Le magnat, en lisant une à une ces lignes, regardait fixement le nain. Sur le visage de celui-ci, était peinte la joie rayonnante du devoir accompli.

Le magnat n'avait aucune raison de douter de la fidélité de son muet.

Et cependant le drôle mentait effrontément, car c'était dans un but tout différent qu'il avait ouvert l'écluse.

En voyant entrer dans le souterrain l'homme rouge qu'il avait pris pour Maurevailles, et qui l'avait attaché à un arbre, tandis que le vrai Maurevailles lui avait donné de si beaux louis, le nain, plein d'inquiétude, avait prêté l'oreille. L'arrivée des autres Hommes Rouges, des gardes-françaises et de Tony, l'appel du magnat, la poursuite, la bataille, l'avaient rempli de terreur.

Il s'était dit :

— Je suis perdu. On va voir ces gens. On leur demandera comment ils sont entrés. Ils diront que c'est moi qui ai montré à l'un d'eux l'entrée secrète.

Naturellement couard et traître, le nain pensait que l'on n'hésiterait pas du tout à le dénoncer.

Aussi s'était-il immédiatement mis en mesure de parer à cette dénonciation. Vilers, pressé déjà, avait peu serré les liens. Le nain était habile. En se tordant, en s'amincissant comme une couleuvre, il n'avait pas tardé à se rendre à la liberté.

Tandis que les muets se battaient dans le souterrain, il avait couru au saut-de-loup, avait fermé la pierre qui donnait accès dans le passage, et, la terreur doublant sa force, avait ouvert l'écluse.

On sait le reste.

Du haut de la plate-forme, le nain regardait l'eau arriver en tourbillonnant dans le fossé.

Tout à coup il aperçut au milieu du courant un homme qui luttait péniblement pour se soutenir à la surface. Il rayonna de joie.

— Tiens, tiens, se dit-il. Voilà qui vaut mieux que tout. Ils auront voulu ouvrir la pierre pour se sauver, et ils se sont noyés. Allons, tout va bien, ils ne parleront pas !...

Il se pencha pour mieux voir l'agonie du mourant dont le corps venait vers lui. Il avait un sauvage orgueil, lui, l'avorton, dont chacun se moquait, d'avoir donné la mort à un homme.

— Ah ! ah ! ah ! ricanait-il, s'ils allaient tous courir les uns après les autres et arriver dans le fossé. Je les verrais tous se noyer, tous, tous, avec leurs pistolets et leurs épées... Ah ! ah ! ah ! je n'ai pas de pistolet ni d'épée, moi, mais j'ai dans ma cervelle dix fois plus de force qu'eux tous dans leurs grands corps idiots !...

L'homme, qui se noyait, se débattait faiblement, puis cessa de remuer. Le nain le considérait avec une joie farouche.

Tout à coup, une idée lui vint. Il avait cru reconnaître de nouveau Maurevailles.

— Bête que je suis, se dit-il, c'est l'homme qui m'a donné de l'or de France... Et je le laisserais se noyer comme un chien ! Pas si sot ! Il n'y a peut-être qu'à le sauver pour faire ma fortune !

Il descendit au galop et saisit par son manteau... le marquis de Vilers qui, fatigué par sa blessure récente et par la lutte qu'il venait de soutenir, avait perdu connaissance. Il l'attira au bord.

Avec une force qu'on n'aurait jamais pu soupçonner dans un corps chétif comme le sien, il traîna le marquis jusqu'à un bosquet d'arbres voisin.

Les secousses de la route furent meilleures que toutes les frictions possibles. Vilers ouvrit les yeux.

— Qui êtes-vous ? murmura-t-il.

— Chut, dit le nain, en mettant un doigt sur sa bouche. Vous ne voudriez pas me perdre !

— Le nain !... dit Vilers en le reconnaissant, merci. Je ne t'oublierai pas...

— Attendez-moi là... Je me sauve. Si on s'apercevait de mon absence, ma vie ne vaudrait plus une pistole.

Et le nain s'esquiva au galop. Il était temps. Les serviteurs du magnat, lancés de tous les côtés, faisaient irruption de ce côté du bois. Ils avaient l'ordre de fouiller minutieusement jusqu'au moindre bosquet.

Le gnome s'était mêlé à eux, leur avait fait prendre une fausse direction, puis, après une vaine battue, était rentré tranquillement avec eux au château où le traban les attendait, pour les envoyer l'un après l'autre au magnat.

Mais il n'avait plus peur du traban, ni du magnat, ni de personne, le nain chétif et pauvre !

Il se disait :

— Je vais être riche, riche, riche...

XXIII

QUAND ON EST SECRÉTAIRE...

Le magnat, n'ayant pu rien savoir de ses muets, résolut de faire une seconde enquête. Mais, n'osant la solliciter en personne, il écrivit au marquis de Langevin pour le prier de lui envoyer les officiers qui avaient pris part au combat de la nuit, afin qu'il les interrogeât lui-même.

A cette demande, le vieux colonel bondit.

— Cet homme a trop d'audace, s'écria-t-il avec l'accent d'une violente colère. Interroger mes officiers!... Et de quel droit?... Se croit-il donc encore dans ses domaines de Mingréli, où il fait haute et basse justice?

Le marquis se promenait à grands pas avec fureur. Le muet, qui avait apporté la lettre, le regardait d'autant plus étonné qu'il ne comprenait rien à ses paroles.

— Personne, autre que le maréchal de Saxe et

moi, n'a de pouvoir sur mes régiments ! poursuivit le marquis de Langevin, dont la fureur allait croissante. Je suis colonel-général des gardes-françaises et je ne permettrai à qui que ce soit, fût-ce à un prince du sang, de le prendre ainsi avec moi. Retournez dire à votre maître...

Le muet l'interrompit par une pantomime expressive. Il mit un doigt sur son oreille, un autre sur sa bouche et secoua tristement la tête.

Toute la colère du marquis s'évanouit.

— C'est vrai, dit-il, reprenant la dignité qui convenait à sa situation et à son rang. J'oubliais à qui je faisais part de mes reproches.

Il alla à un bureau, prit une large feuille de papier à ses armes, et écrivit de sa grosse et large écriture :

« Monsieur le comte,

» Leurs supérieurs ont seuls le droit d'inter-
» roger un officier et même un simple soldat. Je
» ne puis donc acquiescer à la demande que vous
» m'adressez.

» Mais, désireux que justice se fasse, je vais
» assembler moi-même un conseil d'enquête pour
» éclaircir cette affaire.

» J'aurai l'honneur de vous communiquer le
» résultat de l'enquête.

» Veuillez agréer mes salutions.

» Marquis de Langevin,

» Colonel-général des gardes-françaises. »

Deux heures plus tard, dans la salle où avait eu lieu la fête de la veille, le conseil était réuni.

Le marquis de Langevin, en grand uniforme, la croix de Saint-Louis sur la poitrine, présidait. A sa droite et à sa gauche, deux officiers supérieurs, vieux compagnons d'armes, lui tenaient lieu d'assesseurs. Tony, assis à une petite table, à gauche, remplissait les fonctions de secrétaire.

Par ordre du colonel, MM. de Maurevailles, de Lavenay et de Lacy avaient été mandés.

Ils se présentèrent, la tête haute.

— Monsieur de Lavenay, dit le marquis de Langevin qui avait repris tout à fait son sang-froid et parlait avec le calme et la dignité qui conviennent aux fonctions impartiales de président... Monsieur de Lavenay, j'ai à vous interroger sur des faits graves et qui intéressent l'honneur du corps auquel vous appartenez.

— Interrogez, mon colonel, répondit Lavenay en s'inclinant. S'il est en mon pouvoir de répondre, je suis prêt à le faire.

— Un officier des gardes-françaises, devançant le régiment, s'est introduit de nuit dans ce château pour y enlever une femme ?...

— Je l'ignore, mon colonel, répondit froidement Lavenay.

— Alors je vous l'apprends. Vous ne soupçonnez personne ?

— Absolument personne.

— Passons. N'avez-vous pas entendu parler

de la bataille qui a eu lieu cette nuit dans les couloirs secrets du château ?

Lavenay s'inclina.

— Cela, je ne puis le nier... J'étais parmi les gens qui ont pris part à la lutte.

— Je le sais, et c'est pour cela que je vous en demande la raison.

— Elle est facile à donner, dit Lavenay, en mettant le poing sur la garde de son épée qu'on ne lui avait point enlevée, puisque c'était une simple enquête que faisait le marquis de Langevin.

— Parlez alors.

— Si vous ne m'aviez fait mander, Messieurs, commença Gaston de Lavenay avec assurance, j'aurais de moi-même provoqué cette enquête, afin de savoir si la vie de trois officiers du roi est en sûreté dans les régiments où ils sont censés commander et dans les lieux d'étape où on les fait séjourner...

— Que voulez-vous dire ?

— Que tandis que nous assistions à une fête où tout était prodigué pour nous inspirer la confiance, un piège nous était tendu ; que tandis que nous nous réjouissions, confiants en la loyauté de notre hôte, celui-ci, armant ses spadassins, soudoyant en même temps des soldats de notre régiment, essayait de nous attirer dans un guet-apens, d'où, grâce à Dieu et à notre épée, nous avons pu sortir, non sans peine, il faut le reconnaître.

Tant d'assurance stupéfiait le colonel. Il reprit cependant :

— Expliquez-vous plus clairement, monsieur de Lavenay, et veuillez raconter les faits tels qu'ils se sont passés.

— Nous sortions de la fête, Maurevailles, Lacy et moi, émerveillés de la miraculeuse beauté des deux filles du grand seigneur hongrois qui s'était si amicalement institué notre hôte, quand un muet s'est approché de nous et, nous désignant les deux jeunes femmes, nous a fait signe de vouloir bien le suivre. Vous jugez de notre étonnement, mon colonel ? Mais, chez les capitaines aux gardes, l'obéissance aux dames est de tradition. Nous suivîmes l'homme.

— Dans les couloirs secrets ?

— Dans les couloirs secrets... Je dois avouer que la réflexion n'avait pas tardé à dissiper notre surprise. Le magnat qui nous loge est un de nos commensaux de Fraülen et, du temps que le marquis de Vilers était encore un des quatre Hommes Rouges, nous avons dansé avec la fille aînée du comte. Vous devez vous en souvenir, mon colonel ?

— Vous parlez du marquis de Vilers, capitaine, savez-vous ce qu'il est devenu ?

— Il nous avait quittés, vous vous le rappelez, pour un congé qui s'est terminé par une retraite. J'ai été bien douloureusement étonné quand a couru le bruit de sa mort, moi qui...

Un rugissement de colère coupa la parole au capitaine. C'était Tony qui, poussé à bout par l'effronterie de cet homme, ne pouvait plus se contenir et se levait, l'œil en feu, pour lui jeter à la face tout ce qu'il savait de lui et de ses complices...

Un regard sévère du marquis le contint.

— Qu'est-ce, caporal? demanda M. de Langevin.

— Pardonnez-moi, mon colonel, un mouvement d'impatience involontaire... Ma plume qui s'est écrasée... balbutia Tony, revenant à son rôle effacé de secrétaire et maîtrisant la fureur qui bouillonnait dans son cerveau.

— Ces jeunes gens ont une fougue! dit en souriant M. de Langevin, ils mettent en toutes choses la *furia francese* qu'ils devraient réserver pour les ennemis. Mais continuez, capitaine. Ainsi, vous pensiez que ces dames vous demandaient une entrevue?

— Oui, mon colonel. Donc, nous avions suivi le messager qui, par un point que je ne saurais retrouver, nous fit pénétrer dans les couloirs secrets où s'est passée l'affaire. Tout à coup notre guide s'arrête, fait jouer une porte secrète...

— Et alors ?

— Alors, comme nous allions pénétrer dans l'appartement qu'il nous désignait, une nuée de muets s'élance sur nous, l'épée à la main. Devant cette avalanche, nous voulons nous replier, mais que voyons-nous ? Derrière nous, des uniformes bleus, des soldats aux gardes-françaises qui nous barrent le passage. Ne pouvant croire à tant d'audace, nous fondons sur eux et nous les mettons en fuite... C'est dans la chasse que nous leur donnions que trois d'entre eux, emportés par la frayeur, se sont précipités dans un gouffre où ils ont probablement trouvé la punition de leur lâche trahison...

— Et vous ignorez les noms de ces hommes ?

— J'ai cru voir sur la manche de l'un d'eux, dit Lavenay avec aplomb, les galons de sergent. Si je ne me trompe encore, continua-t-il en regardant Tony, un autre était caporal.

— Vous écrivez, secrétaire ? demanda le marquis.

— Un — autre — était — caporal... répéta Tony sans broncher.

— L'appel de ce matin les aura fait connaître sans doute, fit observer Lavenay.

— C'est certain, dit le colonel qui mordillait sa moustache grise, et du moment que ces hommes sont gradés, leur faute n'en est que plus grave. Peste !... des bas-officiers aux gardes qui veulent tuer leurs supérieurs, c'est sérieux, cela ! Vous n'avez aucun soupçon, capitaine ?

Lavenay hésita une minute et lança un coup d'œil vers Tony qui, la plume en arrêt, attendait tranquillement sa réponse sans avoir le moins du monde l'air de s'y intéresser.

— Il faisait trop noir, prononça-t-il enfin, je n'ai reconnu personne.

— Soit, dit Langevin, je vous remercie de vos

explications, capitaine. A vous, monsieur de Lacy.

Marc de Lacy était fort pâle ; il confirma d'une voix sourde ce qu'avait raconté Lavenay.

La moustache du colonel disparaissait tout entière dans sa lèvre inférieure. Les rides de son front se creusaient de plus en plus profondes. Il lui fallait tout l'empire qu'il avait sur lui-même pour pouvoir se contenir.

Quand vint le tour de Maurevailles, l'orage éclata.

— Ah ! par la sambleu, c'est trop en écouter, s'écria le colonel en arrachant des mains de Tony les dépositions des officiers et en les déchirant avec colère. Vous ne signerez pas cela, Messieurs, car tout cela est faux et mensonger. Non, on ne vous a pas attirés dans un piège ; non, vous n'avez pas été attaqués par vos soldats ; non, vous n'ignorez pas les noms de vos adversaires. Vous êtes des menteurs et des lâches, vous vous êtes faits, sous prétexte d'un honneur de convention, les bourreaux d'une femme... Si nous n'étions à la veille d'une bataille, j'oublierais mon grade pour vous jeter mes gants à la face !...

— Colonel ! s'écrièrent les Hommes Rouges menaçants.

Lavenay surtout ne se contenait plus.

— Colonel, dit-il avec hauteur, vous oubliez que, avant d'être officiers, nous sommes gentilshommes, et que, si les subordonnés doivent écouter vos mercuriales sans murmurer, le chevalier de Maurevailles, les comtes de Lacy et Lavenay ont le droit d'exiger plus d'égards.

— Eh ! respectez vous-mêmes votre blason, si vous voulez que les autres le respectent, riposta le marquis. Ayez le droit de vous dire gens d'honneur, avant de faire sonner si haut votre qualité de gentilshommes !... Mais brisons-là, Messieurs, ces douloureux débats qui n'ont déjà que trop duré. De ma propre autorité, j'annule vos dépositions mensongères ; ne me contraignez pas à en invoquer de plus véridiques... Encore une fois, restons-en là ! Nous sommes en guerre. La France a besoin de vos épées. Je vous ordonne d'être d'autant plus braves que vous venez de l'être moins...

— Colonel, s'écria Maurevailles, nous n'avons pas besoin d'une telle exhortation pour faire notre devoir... Nous n'avions pas besoin surtout qu'elle nous fût faite devant cet enfant dont vous subissez en ce moment l'influence...

Nous serions criminels en vous demandant raison de cette injure. On doit compte à la patrie de la vie d'un homme comme vous... Mais il est au monde des gens dont l'existence est moins précieuse que la vôtre... et c'est votre secrétaire, notre accusateur réel, qui paiera tout ce qui vient d'être dit...

Comme le malheureux Pivoine, son premier adversaire au régiment, j'oublierai mes épaulettes pour croiser le fer avec lui, en bon et loyal combat. Sa bravoure et son premier succès m'autorisent à le faire. Je le tuerai !...

— Vous !... s'écria le colonel en s'élançant vers Maurevailles.

Mais Tony l'avait prévenu. Avec une dignité parfaite, il s'approcha des trois Hommes Rouges et répondit.

— Me battre aujourd'hui ? Non, Messieurs. J'ai été fou déjà de risquer pour une futilité ma vie contre Pivoine. Ma vie ne m'appartient pas. En attendant que je l'offre à la France, elle est à la marquise, que j'ai promis de protéger. Comme vous, je vais à la guerre. Si je reviens des Flandres, je me mettrai à votre disposition, mais seulement le jour où la marquise jugera ma tâche terminée. Et j'espère que vous n'aurez pas besoin, ce jour-là, d'oublier la distance qui nous sépare. Cette distance, je l'aurai effacée.

— Bien, Tony ! dit le marquis. Et maintenant, allez, Messieurs, j'ai lieu de croire que je puis compter sur votre silence en cette affaire.

Et les trois officiers se retirèrent, la rage dans le cœur...

FIN DU TOME PREMIER

TABLE DES MATIÈRES

PROLOGUE : Amis et Rivaux

	Pages.
I. — Le Duel improvisé...............................	1
II. — Le Coffret d'ébène.............................	11
III. — Le Secret du marquis de Vilers...............	21
IV. — Où le marquis de Vilers se trouve être une ancienne connaissance de la belle Haydée........	30
V. — Où Tony apprend à quoi peut servir la valse...	40
VI. — Où Tony voit le marquis aller à un rendez-vous.	47
VII. — Où Tony est initié à une sombre histoire d'amour.	54
VIII. — Où le marquis de Vilers s'apprête à consommer sa trahison........	62
IX. — Où Tony lit le dernier mot du secret du marquis.	73
X. — Le premier bal de Tony........................	84
XI. — Les terreurs de mame Toinon.................	93
XII. — Le Sauveur de Réjane.......................	99
XIII. — A l'hôtel de Vilers..........................	106
XIV. — Où la police fait plus qu'on ne lui demande......	118
XV. — Le Ravisseur de la marquise..................	125
XVI. — Où Joseph va de stupéfaction en stupéfaction...	132

TABLE DES MATIÈRES

PREMIÈRE PARTIE

LE CHATEAU DU MAGNAT

		Pages
I.	— Les gardes-françaises	142
II.	— Le Caporal Tony	149
III.	— Où l'on n'interrompt plus les exploits de Tony	155
IV.	— Les premières amours du marquis de Vilers	166
V.	— L'Ultimatum	175
VI.	— Le Refrain de Pivoine	184
VII.	— L'Amour d'un vieillard	194
VIII.	— Le Muet qui parle	203
IX.	— Le Gamin de Paris	211
X.	— La Flèche du Parthe	216
XI.	— L'Interrogatoire	225
XII.	— Le Protecteur de la marquise	234
XIII.	— Maman Nicolo	241
XIV.	— Bavette	245
XV.	— Le Conciliabule	251
XVI.	— Dans les fossés du château	261
XVII.	— Le mort vivant	268
XVIII.	— Sang et eau	276
XIX.	— Les cris du cœur	284
XX.	— Le nouveau Moïse	292
XXI.	— L'Insomnie du marquis de Langevin	299
XXII.	— Les exploits du nain	305
XXIII.	— Quand on est secrétaire	311

FIN DE LA TABLE DU TOME PREMIER

Châteauroux. — Typographie et Stéréotypie A. Nuret et Fils.